LE RHIN

IV

TYPOGRAPHIE DE CH. LAHURE
Imprimeur du Sénat et de la Cour de Cassation
rue de Vaugirard, 9

VICTOR HUGO

LE RHIN

IV

COLLECTION HETZEL

PARIS

LIBRAIRIE DE L. HACHETTE ET Cᴵᵉ

RUE PIERRE-SARRAZIN, Nº 14

—

1858

Droit de traduction réservé

LETTRE XXXII

BALE.

Paysages. — Profil des compagnons de voyage de l'auteur. — Joli costume des jeune filles. — Ce qu'un philosophe peut conduire. — Ici le lecteur voit passer un peu de forêt Noire. — Bâle. — L'*hôtel de la Cigogne*. — Théorie des fontaines. — Tombeau d'Erasme. — Autres tombeaux.

Bâle, 7 septembre.

Hier, cher ami, à cinq heures du matin, j'ai quitté Freiburg. A midi j'entrais dans Bâle. La route que je fais est chaque jour plus pittoresque. J'ai vu lever le soleil. Vers six heures il a puissamment troué les nuages, et ses rayons horizontaux sont allés au loin faire surgir à l'horizon les gibbosités monstrueuses du Jura. Ce sont déjà des bosses formidables. On sent que ce sont les dernières ondulations de ces énormes vagues de granit qu'on appelle les Alpes.

Le coupé de la diligence badoise était pris. L'intérieur était ainsi composé : un bibliothécaire allemand, triste d'avoir oublié sa blouse dans une auberge du mont Rigi; un petit vieillard habillé comme sous Louis XV, se moquant d'un autre vieillard en costume d'incroyable qui me

J117.

faisait l'effet d'Elleviou en voyage, et lui demandant s'*il avait vu le pays des Grisons;* enfin un grand commis-marchand, colporteur d'étoffes et déclarant avec un gros rire que, comme il n'avait pu placer ses échantillons, il voyageait *en vins* (en vain); de plus, ayant sur les joues des favoris comme les caniches tondus en ont ailleurs. — Voyant ceci, je suis monté sur l'impériale.

Il faisait assez froid ; j'y étais seul.

Les jeunes filles de ce côté du Haut-Rhin ont un costume exquis : cette coiffure-cocarde dont je vous ai parlé, un jupon brun à gros plis assez court et une veste d'homme en drap noir avec des morceaux de soie rouge imitant des crevés et des taillades cousus à la taille et aux manches. Quelques-unes, au lieu de cocarde, ont un mouchoir rouge noué en fichu sous le menton. Elles sont charmantes ainsi. Cela ne les empêche pas de se moucher avec leurs doigts.

Vers huit heures du matin, dans un endroit sauvage et propre à la rêverie, j'ai vu un monsieur d'âge vénérable, vêtu d'un gilet jaune, d'un pantalon gris et d'une redingote grise, et coiffé d'un vaste chapeau rond, ayant un parapluie sous le bras gauche et un livre à la main droite. Il lisait attentivement. Ce qui m'inquiétait, c'est qu'il avait un fouet à la main gauche. De plus, j'entendais des grognements singuliers derrière une broussaille qui bordait la route. Tout à coup la broussaille s'est interrompue, et j'ai reconnu que ce philosophe conduisait un troupeau de cochons.

Le chemin de Freiburg à Bâle court le long d'une magnifique chaîne de collines déjà assez hautes pour faire obstacle aux nuages. De temps en temps on rencontre sur la route un chariot attelé de bœufs, conduit par un paysan en grand chapeau, dont l'accoutrement rappelle la Basse-Bretagne ; ou bien un roulier traîné par huit mulets ; ou une longue poutre qui a été un sapin, et qu'on transporte à Bâle sur deux paires de roues qu'elle réunit comme un trait d'union ; ou une vieille femme à genoux devant une vieille croix sculptée. Deux heures avant d'arriver à Bâle, la route traverse un coin de forêt : des halliers profonds, des pins, des sapins, des mélèzes ; par moments une clairière, dans laquelle un grand chêne se dresse seul comme le chandelier à sept branches ; puis des ravins où l'on entend murmurer des torrents. C'est la forêt Noire.

Je vous parlerai de Bâle en détail dans ma prochaine lettre. Je me suis logé *à la Cigogne*, et de la fenêtre où je vous écris, je vois dans une petite place deux jolies fontaines côte à côte, l'une du quinzième siècle, l'autre du seizième. La plus grande, celle du quinzième siècle, se dégorge dans un bassin de pierre plein d'une belle eau verte, moirée, que les rayons du soleil semblent remplir, en s'y brisant, d'une foule d'anguilles d'or.

C'est une chose bien remarquable d'ailleurs que ces fontaines. J'en ai compté huit à Freiburg ; à Bâle il y en a à tous les coins de rue. Elles abondent à Lucerne, à Zurich, à Berne, à Soleure. Cela est propre aux montagnes. Les montagnes engendrent les torrents, les torrents engendrent les ruisseaux, les ruisseaux produisent les fontaines ; d'où il suit que toutes ces charmantes fontaines gothiques des villes suisses doivent être classées parmi les fleurs des Alpes.

J'ai vu de belles choses à la cathédrale, et j'en ai vu de curieuses, entre autres le tombeau d'Erasme. C'est une simple lame de marbre, couleur café, posée debout, avec une très-longue épitaphe en latin. Au-dessus de l'épitaphe est une figure qui ressemble, jusqu'à un certain point, au portrait d'Erasme par Holbein, et au bas de laquelle est écrit ce mot mystérieux : *Terminus*. Il y a aussi le sarcophage de l'impératrice Anne, femme de Rodolphe de Habsbourg, avec son enfant endormi près d'elle ; et, dans un bras de la croisée, une autre tombe du quatorziéme siécle, sur laquelle est couchée une sombre marquise de pierre, la dame de Hochburg. — Mais je ne veux pas empiéter ; je vous conterai Bâle dans ma prochaine lettre.

Demain, à cinq heures du matin, je pars pour Zurich, où vient d'éclater une petite chose qu'on appelle ici une révolution. Que j'aie une tempête sur le lac, et le spectacle sera complet.

LETTRE XXXIII

BALE.

Frick, 8 septembre.

Cher ami, j'ai une affreuse plume, et j'attends un canif pour la tailler. Cela ne m'empêche pas de vous écrire, comme vous voyez. L'endroit où je suis s'appelle Frick, et ne m'a rien offert de remarquable qu'un assez joli paysage et un excellent déjeuner que je viens de dévorer. J'avais grand'faim. — Ah! on m'apporte un canif et de l'encre. J'avais commencé cette lettre avec ma carafe pour écritoire. Puisque j'ai de bonne encre, je vais vous parler de Bâle, comme je vous l'ai promis.

Au premier abord, la cathédrale de Bâle choque et indigne. Premièrement, elle n'a plus de vitraux; deuxièmement, elle est badigeonnée en gros rouge, non-seulement à l'intérieur, ce qui est de droit, mais à l'extérieur, ce qui est infâme; et cela, depuis le pavé de la place jusqu'à la pointe des clochers : si bien que les deux flèches, que l'architecte du quinzième siècle avait faites charmantes, ont l'air maintenant de deux carottes sculptées à jour. — Pourtant, la première colère passée, on regarde l'église, et l'on s'y plaît; elle a de beaux restes. Le toit, en tuiles de couleur, a son originalité et sa grâce (la charpente intérieure est de peu d'intérêt). Les flèches, flanquées d'escaliers-lanternes, sont jolies. Sur la façade principale il y a quatre curieuses statues de femmes : deux femmes saintes qui rêvent et qui lisent; deux femmes folles, à peine vêtues, montrant leurs belles épaules de Suissesses fermes et grasses, se raillant et s'injuriant avec de grands éclats de rire des deux côtés du portail gothique. Cette façon de représenter le diable est neuve et spirituelle. Deux saints équestres, saint Georges et saint Martin, figurés à cheval et plus grands que nature, complètent l'ajustement de la façade. Saint Martin partage à un pauvre la moitié de son manteau, qui n'était peut-être qu'une méchante couverture de laine, et qui maintenant, transfiguré par l'aumône, est en marbre, en granit, en jaspe, en porphyre, en velours, en satin, en pourpre, en drap d'argent, en brocart d'or, brodé en diamants et en perles, ciselé par Benvenuto, sculpté par Jean Goujon, peint par Raphaël. — Saint

Georges, sur la tête duquel deux anges posent un morion
germanique, enfonce un grand coup de lance dans la gueule
du dragon qui se tord sur une plinthe composée de végé-
taux hideux.

Le portail de gauche est un beau poëme roman. Sous
l'archivolte, les quatre évangélistes; à droite et à gauche,
toutes les œuvres de charité figurées dans de petites stalles superposées, encadrées de deux piliers et surmontées
d'une architrave. Cela fait deux espèces de pilastres, au
sommet desquels un ange glorificateur embouche la trom-
pette. Le poëme se termine par une ode.

Une rosace byzantine complète ce portail; et, par un
beau soleil, c'est un tableau charmant dans une bordure
superbe.

Le portail de droite est moins curieux, mais il commu-
nique avec un noble cloître du quinzième siècle, pavé,
lambrissé et plafonné de pierres sépulcrales, qui a quelque
analogie avec l'admirable cloître de Saint-Wandrille, si
stupidement détruit par je ne sais quel manufacturier
inepte. Les tombeaux pendent et se dressent de toutes
parts sous les ogives à meneaux flamboyants; ce sont des
lames ouvragées, celles-ci en pierres, d'autres en marbre,
quelques-unes en cuivre; elles tombent en ruine; la mousse
mange le granit, l'oxyde mange le bronze. C'est, du reste,
une confusion de tous les styles depuis cinq cents ans, qui
fait voir l'écroulement de l'architecture. Toutes les formes
mortes de ce grand art sont là, pêle-mêle, se heurtant par
les angles, démolies l'une par l'autre, comme ensevelies
dans ces tombes : l'ogive et le plein cintre, l'arc surbaissé
de Charles-Quint, le fronton échancré de Henri III, la colonne torse de Louis XIII, la chicorée de Louis XV. Toutes
ces fantaisies successives de la pensée humaine, accrochées
au mur comme des tableaux dans un salon, encadrent des
épitaphes. Une idée unique est au centre de ces créations

éblouissantes de l'art, — la mort. La végétation variée et
vivante de l'architecture fleurit autour de cette idée.

Au centre du cloître, il y a une petite cour carrée pleine
de cette belle herbe épaisse qui pousse sur les morts.

Dans l'intérieur de l'église, outre les tombes dont je vous
ai parlé dans ma dernière lettre, j'ai trouvé des stalles en
menuiserie du quinzième et du seizième siècle. Ces petits
édifices en bois ciselé sont pour moi des livres très-amu-
sants à lire; chaque stalle est un chapitre. La grande boi-
serie d'Amiens est l'iliade de ces épopées.

La chaire, qui est du quinzième siècle, sort du pavé
comme une grosse tulipe de pierre, enchevêtrée sous un
réseau d'inextricables nervures. Ils ont mis à cette belle
fleur une coiffe absurde, comme à Freiburg. — En général, le calvinisme, sans mauvaise intention d'ailleurs, a
malmené cette pauvre église; il l'a badigeonnée, il a blanchi les fenêtres, il a masqué d'une balustrade à mollets le
bel ordre roman des hautes travées de la nef, et puis il a
répandu sous cette belle voûte catholique je ne sais quelle
atmosphère puritaine qui ennuie. La vieille cathédrale du
prince-évêque de Bâle, lequel portait d'argent à la crosse
de sable, n'est plus qu'une chambre protestante.

Pourtant le méthodisme a respecté les chapiteaux romans du chœur, qui sont des plus mystérieux et des plus
remarquables; il a respecté la crypte placée sous l'autel,
où il y a des piliers du douzième siècle et des peintures du
treizième. Quelques monstres romans, d'une difformité chimérique, arrachés de je ne sais quelle église ancienne dis-
parue, gisent là, sur le sombre pavé de cette crypte,
comme des dogues endormis. Ils sont si effrayants qu'on
marche auprès d'eux dans l'ombre avec quelque peur de
les réveiller.

La vieille femme qui me conduisait m'a offert de me
montrer les archives de la cathédrale, j'ai accepté. Voici

ce que c'est que ces archives : un immense coffre en bois
sculpté du quinzième siécle, magnifique, mais vide. —
Quand on entre dans la chambre des archives, on entend
un bâillement effroyable ; c'est le grand coffre qui s'ouvre.
— Je reprends. Une vaste armoire du même temps, à mille
tiroirs. J'ai ouvert quelques-uns de ces tiroirs ; ils sont vides. Dans un ou deux j'ai trouvé de petites gravures représentant Zurich, Berne ou le mont Rigi ; dans le plus grand
il y a une image de quelques hommes accroupis autour
d'un feu ; en bas de cette image, qui est du goût le plus
suisse, j'ai lu cette inscription : *Bivoic des Bohémiens.*
Ajoutez à cela quelques vieilles bombes en fer posées sur
l'appui d'une fenêtre, une masse d'armes, deux épieux de
paysan suisse qui ont peut-être martelé Charles le Témé-
raire sous leurs quatre rangées de clous disposées en mâ-
choires de requin, de médiocres reproductions en cire de
la Danse macabre de Jean Klauber, détruite en 1805 avec
le cimetière des Dominicains ; une table chargée de fossi-
les de la forêt Noire ; deux briques-faïences assez curieuses du seizième siècle ; un almanach de Liége pour 1837, et
vous aurez les archives de la cathédrale de Bâle. On arrive
à ces archives par une belle grille noire, touffue, tordue,
et savamment brouillée, qui a quatre cents ans. Des oiseaux et des chimères sont perchés çà et là dans ce sombre
feuillage de fer.

Du haut des clochers la vue est admirable. J'avais sous
mes pieds, à une profondeur de trois cent cinquante pieds,
le Rhin large et vert ; autour de moi le grand Bâle, devant
moi le petit Bâle : car le Rhin a fait de la ville deux morceaux ; et, comme dans toutes les villes que coupe une
rivière, un côté s'est développé aux dépens de l'autre. A
Paris c'est la rive droite, à Bâle c'est la rive gauche. Les
deux Bâle communiquent par un long pont de bois, souvent rudoyé par le Rhin, qui n'a plus de piles de pierre

que d'un seul côté, et au centre duquel se découpe une
jolie tourelle-guérite du quinzième siècle. Les deux villes
font au Rhin des deux côtés une broderie ravissante de pignons taillés, de façades gothiques, de toits à girouettes,
de tourelles et de tours. Cet ourlet d'anciennes maisons se
répète sur le Rhin et s'y renverse. Le pont reflété prend
l'aspect étrange d'une grande échelle couchée d'une rive à
l'autre. Des bouquets d'arbres et une foule de jardins sus-
pendus aux devantures des maisons se mêlent aux zigzags
de toutes ces vieilles architectures. Les croupes des églises, les tours des enceintes fortifiées, font de gros nœuds
sombres auxquels se rattachent de temps en temps les lignes capricieuses qui courent en tumulte des clochers aux
pignons, des pignons aux lucarnes. Tout cela rit, chante,
parle, jase, jaillit, rampe, coule, marche, danse, brille au
milieu d'une haute clôture de montagnes qui ne s'ouvre à
l'horizon que pour laisser passer le Rhin.

Je suis redescendu dans la ville, qui abonde en fantaisies exquises, en portes bien imaginées, en ferrures extra-
vagantes, en constructions curieuses de toutes les époques.
Il y a, entre autres, un grand logis qui sert aujourd'hui
de hangar à un roulage, et qui a à toutes les baies, gui-
chets, portes, fenêtres, des nœuds gordiens de nervures,
souvent tranchés par l'architecte et les plus bizarres du
monde. Je n'ai rien rencontré de pareil nulle part. La
pierre est là tordue et tricotée comme de l'osier. Vous
pouvez voir des anses de panier en Normandie; mais, pour
voir le panier tout entier, il faut venir à Bâle. Près de ce
roulage, j'ai visité l'ancienne maison des armuriers, bel
édifice du seizième siècle, avec des peintures en plein air
sur la devanture, dans lesquelles Vénus et la Vierge sont
fort accortement mêlées.

L'hôtel de ville est du même temps. La façade, surmontée d'un homme d'armes empanaché, qui porte l'écu de la

ville, serait belle si elle n'était badigeonnée (en rouge toujours!) et, qui plus est, ornée d'affreux personnages peints
accoudés à un balcon figuré qui est dans le style gothique
de 1810. La cour intérieure a subi le même tatouage. Le
grand escalier aboutit à deux statues : l'une, qui est en bas,
est un fort beau guerrier de la renaissance qui a la pré-
tention de représenter le consul romain Munatius Plancus;
l'autre, qui est en haut, au coin de l'imposte d'une porte
surbaissée, est un valet de ville qui tient une lettre à la
main; il est peint, vêtu mi-partie de noir et de blanc, qui
est le blason de la ville, et la lettre, bien pliée, a un ca-
chet rouge. Ce valet de ville gothique a surnagé sur toutes
les révolutions de l'Europe. Je l'avais rencontré le matin
même près de l'hôtel des Trois-Rois, allant par la ville,
bien portant et bien vivant, précédé de son homme d'armes portant une épée; ce qui faisait beaucoup rire quelques commis-marchands, lesquels lisaient le *Constitution-
nel* à la porte d'un estaminet.

Une fraîche servante est sortie tout à coup de la porte
surbaissée; elle m'a adressé quelques paroles en allemand,
et, comme je ne la comprenais pas, je l'ai suivie. Bien
m'en a pris. La bonne fille m'a introduit dans une chambre où il y a un escalier à vis des plus exquis, puis dans
une salle toute en chêne poli, avec de beaux vitraux aux
croisées et une superbe porte de la renaissance à la place
où nous mettons d'ordinaire la cheminée : ici, comme en
Alsace, comme en Allemagne, il n'y a pas de cheminées,
il y a des poêles. Voyant toutes ces merveilles, j'ai donné
à la gracieuse fille une belle pièce d'argent de France qui
l'a fait sourire.

Sur l'escalier de cet hôtel de ville il y a une curieuse
fresque du Jugement dernier, qui est du seizième siècle.

Je n'aurais pas quitté Bâle sans visiter la Bibliothèque.
Je savais que Bâle est pour les Holbein ce que Francfort est

pour les Albert Durer. A la Bibliothèque, en effet, c'est un
nid, un tas, un encombrement; de quelque côté qu'on se
tourne, tout est Holbein. Il y a Luther, il y a Erasme, il y
a Mélanchthon, il y a Catherine de Bora, il y a Holbein lui-
même; il y a la femme de Holbein, belle femme d'une qua-
rantaine d'années, encore charmante, qui a pleuré et qui
rêve entre ses deux enfants pensifs, qui vous regarde
comme une femme qui a souffert et qui pourtant vous
donne envie de baiser son beau cou. Il y a aussi Thomas
Morus avec toute sa famille, avec son père et ses enfants,
avec son singe, car le grave chancelier aimait les singes.
Et puis il y a deux Passions, l'une peinte, l'autre dessinée
à la plume; deux Christ morts, admirables cadavres qui
font tressaillir. Tout cela est de Holbein; tout cela est divin de réalité, de poésie et d'invention. J'ai toujours aimé
Holbein; je trouve dans sa peinture les deux choses qui
me touchent, la tristesse et la douceur.

Outre les tableaux, la Bibliothèque a des meubles; force
bronzes romains trouvés à Augst, un coffre chinois, une
tapisserie-portière de Venise, une prodigieuse armoire du
seizième siècle (dont on a déjà *offert douze mille francs*,
me disait mon guide), et enfin la table de la Diète des
treize cantons. C'est une magnifique table du seizième
siècle, portée par des guivres, des lions et des satyres qui
soutiennent le blason de Bâle, ciselée aux armes des cantons, incrustée d'étain, de nacre et d'ivoire; table autour
de laquelle méditaient ces avoyers et ces landammans re-
doutés des empereurs; table qui faisait lire à ces gouverneurs d'hommes cette solennelle inscription : *Supra natu-
ram præsto est Deus.* — Elle est, du reste, en mauvais
état. La bibliothèque de Bâle est assez mal tenue; les ob-
jets y sont rangés comme des écailles d'huîtres. J'ai vu sur
un bahut un petit tableau de Rubens qui est posé debout
contre une pile de bouquins, et qui a déjà dù tomber bien

des fois, car le cadre est tout brisé. — Vous voyez qu'il y a un peu de tout dans cette bibliothèque, des tableaux, des meubles, des étoffes rares; il y a aussi quelques livres.

Mon ami, j'arrête ici cette lettre, griffonnée, comme vous le pouvez voir, sur je ne sais quel papyrus égyptien plus poreux et plus altéré qu'une éponge. Voici un supplice que j'enregistre parmi ceux que je ne souhaite pas à mes pires ennemis : écrire avec une plume qui crache sur du papier qui boit.

LETTRE XXXIV

ZURICH.

L'auteur entend un tapage nocturne, se penche et reconnaît que c'est une révolution. — Sérénité de la nuit. — Vénus. — Choses violentes mêlées aux petites choses. — Enceinte murale de Bâle. — Quel succès les Bâlois obtiennent dans le redoutable fossé de leur ville. — Familiarités hardies de l'auteur avec une gargouille. — Les portes de Bâle. — L'armée de Bâle. — Une fontaine en mauvais lieu. — Route de Bâle à Zurich. — Creuzach. — Augst. — L'Ergolz. — Warmbach. — Rhinfelden. — Une fontaine en bon lieu. — L'auteur prend place parmi les chimistes.

9 septembre.

Je suis à Zurich. Quatre heures du matin viennent de sonner au beffroi de la ville avec accompagnement de trompettes. J'ai cru entendre la diane, j'ai ouvert ma fenêtre. Il fait nuit noire et personne ne dort. La ville de Zurich bourdonne comme une ruche irritée. Les ponts de bois tremblent sous le pas mesuré des bataillons qui passent confusément dans l'ombre. On entend le tambour dans les collines. Des marseillaises alpestres se chantent devant les tavernes allumées au coin des rues. Des bisets zurichois font l'exercice dans une petite place voisine de l'hôtel de l'Epée, que j'habite, et j'entends les commandements en français : *Portez arme! Arme bras!* De la chambre à côté de la mienne, une jeune fille leur répond par un chant tendre, héroïque et monotone, dont l'air m'explique les paroles. Il y a une lucarne éclairée dans le beffroi et une autre dans les hautes flèches de la cathédrale. La lueur de ma chandelle illumine vaguement un grand drapeau blanc étoilé de zones bleues, qui est accroché au quai. On entend des éclats de rire, des cris, des bruits de portes qui se ferment, des cliquetis bizarres. Des ombres passent et repassent partout. Une joyeuse rumeur de guerre tient ce petit peuple éveillé. Cependant, sous le reflet des étoiles, le lac vient majestueusement murmurer jusqu'auprès de ma fenêtre toutes ces paroles de tranquillité, d'indulgence et de paix que la nature dit à l'homme. Je regarde se décomposer et se recomposer sur les vagues les sombres moires de la nuit. Un coq chante, et là-haut, à ma gauche, au-dessus de la cathédrale, entre les deux clochers noirs, Vénus étincelle comme la pointe d'une lance entre deux créneaux.

C'est qu'il y a une révolution à Zurich. Les petites villes veulent faire comme les grandes. Tout marquis veut avoir un page. Zurich vient de tuer son bourgmestre et de changer son gouvernement.

Moi, puisqu'ils m'ont éveillé, je profite de cela pour vous écrire, mon ami. Voilà ce que vous gagnerez à cette révolution.

Le jour se levait hier matin quand j'ai quitté Bâle. La route qui mène à Zurich côtoie pendant un demi-quart de lieue les vieilles tours de la ville. Je ne vous ai pas parlé des tours de Bâle ; elles sont pourtant remarquables, toutes de formes et de hauteurs différentes, séparées les unes des autres par une enceinte crénelée appuyée sur un fossé formidable où la ville de Bâle cultive avec succès les pommes de terre. Du temps des arcs et des flèches, cette enceinte était une forteresse redoutable; maintenant ce n'est plus qu'une chemise.

Les entrées de la ville sont encore ornées de ces belles herses du quatorzième siècle, dont les dents crochues garnissent le haut des portes, si bien qu'en sortant d'une tour on croit sortir de la gueule d'un monstre. A propos, avanthier, au plus haut de la flèche de Bâle, il y avait une gargouille qui me regardait fixement; je me suis penché, je lui ai mis résolûment la main dans la gueule, il n'en a été que cela. Vous pouvez conter la chose aux gens qui s'émerveillent de Van-Amburgh.

Presque toutes les entrées du grand Bâle sont des portesforteresses d'un beau caractère, surtout celle qui mène au polygone, fier donjon à toit aigu, flanqué de deux tourelles, orné de statues comme la porte de Vincennes et l'ancienne porte du vieux Louvre. Il va sans dire qu'on l'a ratissé, raboté, mastiqué et badigeonné (en rouge). Deux archers sculptés dans les créneaux sont curieux. Ils appuient contre le mur leurs souliers à la poulaine et semblent soutenir avec d'énormes efforts les armes de la ville, tant elles sont lourdes à porter. En ce moment passait sous la porte un peloton d'environ deux cents hommes qui revenaient du polygone avec un canon. Je crois que c'est l'armée de Bâle.

Près de cette porte est une délicieuse fontaine de la renaissance qui est couverte de canons, de mortiers et de piles de boulets sculptés autour de son bassin, et qui jette son eau avec le gazouillement d'un oiseau. Cette pauvre fontaine est honteusement mutilée et dégradée; la colonne centrale était chargée de figures exquises dont il ne reste plus que les torses, et, par-ci, par-là, un bras ou une jambe. Pauvre chef-d'œuvre violé par tous les soudards de l'arsenal! — Mais je reprends la route de Bâle à Zurich.

Pendant quatre heures, jusqu'à Rhinfelden, elle côtoie le Rhin dans une vallée ravissante où pleuvaient, du haut des nuages, toutes les lueurs humides du matin. On laisse à gauche Creuzach, dont la haute tour, tachée d'un cadran blanc, s'aperçoit des clochers de Bâle; puis on traverse Augst. Augst, voilà un nom bien barbare. Eh bien, ce nom, c'est Augusta. Augst est une ville romaine, la capitale des Rauraques, l'ancienne Raurica, l'ancienne Augusta Rauracorum, fondée par le consul Munatius Plancus, auquel les Bâlois ont érigé une statue dans leur hôtel de ville, avec épitaphe rédigée par un brave pédant qui s'appelait Beatus Rhenanus. Voilà une bien grosse gloire, disais-je, et une bien petite ville. En effet, l'Augusta Rauracorum n'est plus maintenant qu'un adorable décor pour un vaudeville suisse. Un groupe de cabanes pittoresques, posé sur un rocher, rattaché par deux vieilles portes–forteresses; deux ponts moisis, sous lesquels galope un joli torrent, l'Ergolz, qui descend de la montagne en écartant les branches des arbres; un bruit de roues de moulins, des balcons de bois égayés de vignes, un vieux cimetière où j'ai remarqué en passant une tombe étrange du quatrième siècle et qui a l'air de s'écrouler dans le Rhin, auquel il est adossé; voilà Augst, voilà Raurica, voilà Augusta. Le sol est bouleversé par les fouilles. On en tire un tas de petites statuettes de bronze dont la bibliothèque de Bâle se fait un petit dunkerque.

Une demi-heure plus loin, sur l'autre rive du Rhin, ce joli ruban de vieilles maisons de bois, coupé par une cascade, c'est Warmbach. Et puis, après une demi-lieue d'arbres, de ravins et de prairies, le Rhin s'ouvre; au milieu de l'eau s'accroupit un gros rocher couvert de ruines et rattaché aux deux rives par un pont couvert, bâti en bois, d'un aspect singulier. Une petite ville gothique, hérissée de tours, de créneaux et de clochers, descend en désordre

vers ce pont : c'est Rhinfelden, une cité militaire et religieuse, une des quatre villes forestières, un lieu célébre
et charmant. Cette ruine au milieu du Rhin, c'est l'ancien
château, qu'on appelle la Pierre-de-Rhinfelden. Sous ce
pont de bois qui n'a qu'une arche, au delà du rocher, du
côté opposé à la ville, le Rhin n'est plus un fleuve, c'est
un gouffre. Force bateaux s'y perdent tous les jours. — Je
me suis arrêté un grand quart d'heure à Rhinfelden. Les
enseignes des auberges pendent à d'énormes branches de
fer touffues, les plus amusantes du monde. La grande rue
est réjouie par une belle fontaine dont la colonne porte
un noble homme d'armes qui porte lui-même les armes
de la ville de son bras élevé fièrement au-dessus de sa
tête.

Après Rhinfelden jusqu'à Bruck, le paysage reste charmant, mais l'antiquaire n'a rien à regarder, à moins qu'il
ne soit comme moi plutôt curieux qu'archéologue, plutôt
flâneur de grandes routes que voyageur. Je suis un grand
regardeur de toutes choses, rien de plus ; mais je crois
avoir raison ; toute chose contient une pensée ; je tâche
d'extraire la pensée de la chose. C'est une chimie comme
une autre.

LETTRE XXXV

ZURICH.

Paysages. — Tableaux flamands en Suisse. — La vache. — Le cheval qui ne se cabre jamais. — Le rustre qui se comporte avec le beau sexe comme s'il était élève de Buckingham. — La ruche et la cabane. — Microcosme. — Le grand dans le petit. — Sekingen. — La vallée de l'Aar. — Quelle ruine fameuse la domine. — Brugg. — L'auteur, après une longue et patiente étude, donne une foule de détails scientifiques et importants touchant *la tête de Hun* qui est sculptée dans la muraille de Brugg. — Costumes et coutumes. — Les femmes et les hommes à Brugg. — Chose qui se comprend partout, excepté à Brugg. — L'auteur décrit, dans l'intérêt de l'art, une coiffure qui est à toutes les coiffures connues ce que l'ordre composite est aux quatre ordres réguliers. — Danger de mal prononcer le premier mot d'une proclamation. — Baden. — La Limmat. — Fontaine qui ressemble à une arabesque dessinée par Raphaël. — *Aquæ verbigenæ.* — Soleil couchant. — Paysage. — Sombre vision et sombre souvenir. — Les villages. — Théorie de la chaumière zuriquoise. — Le voyageur s'endort dans sa voiture. — Où et comment il se réveille. — Une crypte comme il n'en a jamais vu. — Zurich au grand jour. — L'auteur dit beaucoup de mal de la ville et beaucoup de bien du lac. — La gondole-fiacre. — L'auteur s'explique l'émeute de Zurich. — Le fond du lac. — A qui la ville de Zurich doit beaucoup plaire. — Qu'est devenue la tour de Wellemberg ? — L'auteur cherche à nuire à l'*hôtel de l'Epée*, par la raison qu'il y a été fort mal. — Un vers de Ronsard dont l'hôtelier pourrait faire son enseigne. — Etymologie, archéologie, topo-

graphie, érudition, citation et économie politique en huit
lignes. — Où l'auteur prouve qu'il a les bras longs.

Septembre.

Quand on voyage en plaine, l'intérêt du voyage est au
bord de la route, quand on parcourt un pays de montagnes, il est à l'horizon. Moi, — même avec cette admirable
ligne du Jura sous les yeux, — je veux tout voir, et je regarde autant le bord du chemin que le bord du ciel. C'est
que le bord de la route est admirable dans cette saison et
dans ce pays. Les prés sont piqués de fleurs bleues, blanches, jaunes, violettes, comme au printemps; de magnifiques ronces égratignent au passage la caisse de la voiture; çà et là des talus à pic imitent la forme des montagnes, et des filets d'eau gros comme le pouce parodient les
torrents; partout les araignées d'automne ont tendu leurs
hamacs sur les mille pointes des buissons : la rosée s'y
roule en grosses perles.

Et puis ce sont des scènes domestiques où se révèlent
les originalités locales. Près du Rhinfelden, trois hommes
ferraient une vache qui avait l'air très-bête, empêchée et
prise dans le travail. A Augst, un pauvre arbre difforme,
appuyé sur fourche, servait de cheval aux petits garçons
du village, gamins qui ont Rome pour aïeule. Près de la
porte de Bâle, un homme battait sa femme, ce que les
paysans font comme les rois. Buckingham ne disait-il pas
à madame de Chevreuse *qu'il avait aimé trois reines, et
qu'il avait été obligé de les gourmer toutes les trois?* A
cent pas de Frick je voyais une ruche posée sur une plan-
che au-dessus de la porte d'une cabane. Les laboureurs
entraient et sortaient par la porte de la cabane, les abeil-

les entraient et sortaient par la porte de la ruche; hommes et mouches faisaient le travail du bon Dieu.

Tout cela m'amuse et me ravit. A Freiburg, j'ai oublié longtemps l'immense paysage que j'avais sous les yeux pour le carré de gazon dans lequel j'étais assis. C'était sur une petite bosse sauvage de la colline. Là aussi il y avait un monde. Les scarabées marchaient lentement sous les fibres profondes de la végétation; des fleurs de ciguë en parasol imitaient les pins d'Italie; une longue feuille, pareille à une cosse de haricots entr'ouverte, laissait voir de belles gouttes de pluie comme un collier de diamants dans un écrin de satin vert; un pauvre bourdon mouillé, en velours jaune et noir, remontait péniblement le long d'une branche épineuse; des nuées épaisses de moucherons lui cachaient le jour; une clochette bleue tremblait au vent, et toute une nation de pucerons s'était abritée sous cette énorme tente; près d'une flaque d'eau qui n'eût pas rempli une cuvette, je voyais sortir de la vase et se tordre vers le ciel, en aspirant l'air, un ver de terre semblable aux pythons antédiluviens, et qui a peut-être aussi, lui, dans l'univers microscopique, son Hercule pour le tuer et son Cuvier pour le décrire. En somme, cet univers-là est aussi grand que l'autre. Je me supposais Micromégas; mes scarabées étaient des megatheriums giganteums, mon bourdon était un éléphant ailé, mes moucherons étaient des aigles, ma cuvette d'eau était un lac, et ces trois touffes d'herbe haute étaient une forêt vierge. — Vous me reconnaissez là, n'est-ce pas, ami? — A Rhinfelden, les exubérantes enseignes d'auberge m'ont occupé comme des cathédrales; et j'ai l'esprit fait ainsi, qu'à de certains moments un étang de village, clair comme un miroir d'acier, entouré de chaumières et traversé par une flottille de canards, me régale autant que le lac de Genève.

A Rhinfelden on quitte le Rhin et on ne le revoit plus qu'un instant à Sekingen : laide église, pont de bois couvert, ville insignifiante au fond d'une délicieuse vallée. Puis la route court, à travers de joyeux villages, sur un large et haut plateau autour duquel on voit bondir au loin le troupeau monstrueux des montagnes.

Tout à coup on rencontre un bouquet d'arbres près d'une auberge, on entend le bruit de la roue qui s'enraye, et la route plonge dans l'éblouissante vallée de l'Aar.

L'œil se jette d'abord au fond du ciel et y trouve, pour ligne extrême, des crêtes rudes, abruptes et rugueuses, que je crois être les cimes Grises ; puis il va au bas de la vallée chercher Brugg, belle petite ville roulée et serrée dans une ligature pittoresque de murs et de créneaux, avec pont sur l'Aar ; puis il remonte le long d'une sombre ampoule boisée et s'arrête à une haute ruine. Cette ruine, c'est le château de Habsburg, le berceau de la maison d'Autriche. J'ai regardé longtemps cette tour d'où s'est envolée l'aigle à deux têtes.

L'Aar, obstrué de rochers, déchire en caps et en promontoires le fond de la vallée. Ce beau paysage est un des grands lieux de l'histoire. Rome s'y est battue, la fortune de Vitellius y a écrasé celle de Galba, l'Autriche y est née. De ce donjon croulant, bâti au onzième siècle par un simple gentilhomme d'Alsace appelé Radbot, découle sur toute l'histoire de l'Europe moderne le fleuve immense des archiducs et des empereurs.

Au nord, la vallée se perd dans une brume. Là est le confluent de l'Aar, de la Reuss et de la Limmat. La Limmat vient du lac de Zurich et apporte les fontes du mont Todi ; l'Aar vient des lacs de Thun et de Brienz, et apporte les cascades du Grimsell ; la Reuss vient du lac des Quatre-Cantons, et apporte les torrents du Rigi, du Windgalle et du mont Pilate. Le Rhin porte tout cela à l'Océan.

Tout ce que je viens de vous écrire, ces trois rivières, cette ruine et la forme magnifique des blocs que ronge l'Aar, emplissaient ma rêverie pendant que la voiture descendait au galop vers Brugg. Tout à coup j'ai été réveillé par la manière charmante dont se compose la ville quand on en approche. C'est un des plus ravissants tohu-bohu de toits, de tours et de clochers que j'aie encore vus. Je m'étais toujours promis, si jamais j'allais à Brugg, de faire grande attention à un très-ancien bas-relief incrusté dans la muraille près du pont, qui, dit-on, représente une tête de Hun. Comme c'était dimanche, le pont était couvert d'un tas de jolies filles curieuses, souriantes, dans leurs plus beaux atours, si bien que j'ai oublié la tête du Hun.

Quand je m'en suis souvenu, la ville était à une lieue derrière moi.

Avec leur cocarde de rubans sur le front, moins exagérée qu'à Freiburg, leur cuirasse de velours noir traversée de chaînes d'argent et de rangées de boutons, leur cravate de velours à coins brodés d'or serrée au cou comme le gorgeret de fer des chevaliers, leur jupe brune à plis épais et leur mine éveillée, les femmes de Brugg paraissent toutes jolies; beaucoup le sont. Les hommes sont habillés comme nos maçons endimanchés et sont affreux. Je comprends qu'il y ait des amoureux à Brugg; je ne conçois pas qu'il y ait des amoureuses.

La ville, propre, saine, heureuse d'aspect, faite de jolies maisons presque toutes ouvragées, n'est pas moins appétissante au dedans qu'au dehors. Une chose singulière, c'est que les deux sexes, dans leurs réunions du dimanche, y jouent le jeu d'Alphée et d'Aréthuse. Quand j'ai traversé la ville, j'ai vu toutes les femmes à la porte du Pont, et tous les hommes à l'autre bout de la grande rue, à la porte de Zurich. Dans les champs, les sexes ne se mêlent pas davantage; on rencontre un groupe d'hommes, puis un groupe de femmes; cet usage, que les enfants eux-mêmes subissent, est propre à tout le canton et va jusqu'à Zurich. C'est une chose étrange, et, comme beaucoup de choses étranges, c'est une chose sage. Dans ce pays de séve et de beauté, de nature exubérante et de costumes exquis, la nature tend à rendre l'homme entreprenant, le costume rend la femme coquette; la coutume intervient, sépare les sexes et pose une barrière.

Cette vallée, du reste, n'est pas seulement un confluent de rivières, c'est aussi un confluent de costumes. On passe la Reuss, la cuirasse de velours noir devient un corselet de damas à fleurs, au beau milieu duquel elles cousent un large galon d'or. On passe la Limmat, la jupe brune devient une jupe rouge avec un tablier de mousseline brodée. Toutes les coiffures se mêlent également; en dix minutes on rencontre de belles filles avec de grands peignes exorbitants comme à Lima, avec des chapeaux de paille noire à haute forme comme à Florence, avec une dentelle comme à Madrid. Toutes ont un bouquet de fleurs naturelles au côté. Raffinement.

La variété des coiffures est telle, que je m'attendais à tout. Aprés le pont de la Reuss, il y a une petite côte. Je la montais à pied. Je vois venir à moi une vieille femme coiffée d'une espéce de vaste sombrero espagnol en cuir noir, dans l'ornement duquel entraient pour couronnement une paire de bottes et un parapluie. J'allais enregistrer cette coiffure bizarre, quand je me suis aperçu que cette bonne femme portait tout simplement sur sa tête la valise d'un voyageur. Le voyageur suivait à quelques pas; brave homme, qui se piquait probablement de parler français, et qui m'a accosté pour me raconter la révolution de Zurich. Tout ce que j'ai pu comprendre, à travers force baragouin, c'est qu'il y avait eu une proclamation du bourgmestre, et que cette proclamation commençait ainsi : *Braves Iro-quois !* — Je présume que le digne homme voulait dire : *Braves Zuriquois.*

La vallée de l'Aar a deux bracelets charmants : Brugg qui l'ouvre, Baden qui la ferme. Baden est sur la Limmat. On suit depuis une demi-heure le bord de la Limmat, qui fait un tapage horrible au fond d'un charmant ravin dont tous les éboulements sont plantés de vignes. Tout à coup une porte-donjon à quatre tourelles barre la route ; au-dessous de cette porte se précipitent pêle-mêle dans le ravin des maisons de bois dont les mansardes semblent se cahoter ; au-dessus, parmi les arbres, se dresse un vieux château ruiné dont les créneaux font une crête de coq à la montagne. Tout au fond, sous un pont couvert, la Limmat passe en toute hâte sur un lit de rochers qui donne aux vagues une forme violente. Et puis on aperçoit un clocher à tuiles de couleur qui semble revêtu d'une peau de serpent. C'est Baden.

Il y a de tout à Baden : des ruines gothiques, des ruines romaines, des eaux thermales, une statue d'Isis, des fouilles où l'on trouve force dés à jouer, un hôtel de ville où le prince Eugène et le maréchal de Villars ont échangé des signatures, etc. Comme je voulais arriver à Zurich avant la nuit, je me suis contenté de regarder sur la place, pendant qu'on changeait de chevaux, une charmante fontaine de la renaissance surmontée, comme celle de Rhinfelden, d'une hautaine et sévère figure de soldat. L'eau jaillit par la gueule d'une effrayante guivre de bronze qui roule sa queue dans les ferrures de la fontaine. Deux pigeons familiers s'étaient perchés sur cette guivre, et l'un d'eux buvait en trempant son bec dans le filet d'eau arrondi qui tombait du robinet dans la vasque, fin comme un cheveu d'argent.

Les Romains appelaient les eaux thermales de Baden *le*

eaux bavardes, « aquæ verbigenæ. » — Quand je vous écris, mon ami, il me semble que j'ai bu de cette eau.

Le soleil baissait, les montagnes grandissaient, les chevaux galopaient sur une route excellente en sens inverse de la Limmat ; nous traversions une région toute sauvage ; sous nos pieds il y avait un couvent blanc à clocher rouge, semblable à un jouet d'enfant ; devant nos yeux, une montagne à forme de colline, mais si haute qu'une forêt y semblait une bruyère ; dans le jardin sévère du couvent, un moine blanc se promenait causant avec un moine noir ; par-dessus la montagne, une vieille tour montrait à demi sa face rougie par le soleil horizontal. Qu'était cette masure ? Je ne sais. Conrad de Tagerfelden, un des meurtriers de l'empereur Albert, avait son château dans cette solitude. — En était-ce la ruine ? — Moi, je ne suis qu'un passant et j'ignore tout, j'ai laissé leur secret à ces lieux sinistres ; mais je ne pouvais m'empêcher de songer vaguement au sombre attentat de 1508 et à la vengeance d'Agnès, pendant que cette tour sanglante, cachée peu à peu par les plis du terrain, rentrait lentement dans la montagne.

La route a tourné ; une crevasse inattendue a laissé passer un immense rayon du couchant ; les villages, les fumées, les troupeaux et les hommes ont reparu, et la belle vallée de la Limmat s'est remise à sourire. Les villages sont vraiment remarquables dans ce canton de Zurich. Ce sont de magnifiques chaumières composées de trois compartiments. A un bout la maison des hommes, en bois et en maçonnerie, avec ses trois étages de fenêtres croisées basses, à petits vitraux ronds ; à l'autre bout, la maison des bêtes, étable et écurie, en planches ; au centre, le logis des chariots et des ustensiles, fermé par une grande porte cochère. Dans le faîtage, qui est énorme, la grange et le grenier. Trois maisons sous un toit. Trois têtes sous un

bonnet. Voilà la chaumière zuriquoïse. Comme vous voyez,
c'est un palais.

La nuit était tout à fait tombée, je m'étais tout plate-
ment endormi dans la voiture, quand un bruit de planches
sous le piétinement des chevaux m'a réveillé. J'ai ouvert
les yeux. J'étais dans une espèce de caverne en charpente
de l'aspect le plus singulier. Au-dessus de moi, de grosses
poutres courbées en cintres surbaissés et arc-boutées d'une
manière inextricable portaient une voûte de ténèbres ; à
droite et à gauche, de basses arcades faites de solives tra-
pues me laissaient entrevoir deux galeries obscures et
étroites, percés çà et là de trous carrés par lesquels m'ar-
rivaient la brise de la nuit et le bruit d'une rivière. Tout
au fond, à l'extrémité de cette étrange crypte, je voyais
briller vaguement des baïonnettes. La voiture roulait lentement sur un plancher des fentes duquel sortait une rumeur assourdissante. Une torche éloignée, qui tremblait
au vent, jetait des clartés mêlées d'ombres sur ces massi-
ves arches de bois. J'étais dans le pont couvert de Zurich.
Des patrouilles bivaquaient à l'entour. Rien ne peut
donner une idée de ce pont, vu ainsi et à cette heure.
Figurez-vous la forêt d'une cathédrale posée en travers
sur un fleuve et s'ébranlant sous les roues d'une diligence.

Pendant que je vous écris tout ce fatras, le jour a paru.
Je suis un peu désappointe. Zurich perd au grand jour ; je
regrette les vagues profils de la nuit. Les clochers de la cathédrale sont d'ignobles poivrières. Presque toutes les façades sont ratissées et blanchies au lait de chaux. J'ai à
ma gauche une espèce d'hôtel Guénégaud. Mais le lac est
beau ; mais, là-bas, la barrière des Alpes est admirable.
Elle corrige ce que le lac, bordé de maisons blanches et de
cultures vertes, a peut-être d'un peu trop riant pour moi.
Les montagnes me font toujours l'effet de tombes immenses ;

les basses ont un noir suaire de mélèzes, les hautes ont un
blanc linceul de neige.

Quatre heures après midi.

Je viens de faire une promenade sur le lac dans une façon de petite gondole à trente sous par heure, comme un
fiacre. J'ai jeté généreusement trois francs dans le lac de
Zurich; je les regrette un peu. C'est beau, mais c'est bien
aimable. Ils ont un New-Munster qu'ils vous montrent
avec orgueil et qui ressemble à l'église de Pantin. Les sénateurs zuriquois habitent des villas de plâtre, lesquelles
ont un faux air des guinguettes de Vaugirard. Dieu me
pardonne! j'ai vu passer un omnibus comme à Passy. Je
ne m'étonne plus si ces gaillards-là font des révolutions.

Heureusement l'eau bleue du lac est transparente. Je
voyais dans les profondeurs vitreuses des montagnes au
fond du lac et des forêts sur ces montagnes. Des rochers
et des algues me figuraient assez bien la terre noyée par
le déluge, et, en me penchant sur le bord de mon fiacre à
deux rames, j'avais les émotions de Noé quand il se mettait à la fenêtre de l'arche. De temps en temps je voyais
passer de gros poissons zébrés de rubans noirs comme des
tigres. J'ai sauvé du bout de ma canne deux ou trois mouches qui se noyaient.

La ville doit beaucoup plaire aux personnes qui adorent
la façade du séminaire de Saint-Sulpice. On y bâtit en ce
moment des édifices superbes, dont l'architecture rappelle
la Madeleine et le corps de garde du boulevard du Temple.

Quant à moi, en mettant à part le portail roman de la cathédrale, quelques vieilles maisons perdues et comme
noyées dans les neuves, deux aiguilles d'église et trois ou
quatre tours d'enceinte, dont une, qui est énorme, ressemble au ventre pantagruélique d'un bourgmestre, je ne
suis pas digne d'admirer Zurich. J'ai vainement cherché
la fameuse tour de Wellemberg, qui était au milieu de la
Limmat, et qui avait servi de prison au comte de Habsbourg et au conseiller Waldman, décapité en 1488. L'au-
rait-on démolie?

Pendant que je suis en train, pardieu, parlons de l'auberge! A l'*hôtel de l'Epée*, le voyageur n'est pas écorché;
il est savamment disséqué. L'hôtelier vous vend la vue de
son lac à raison de huit francs par fenêtre et par jour. La
chère que l'on fait à l'*hôtel de l'Epée* m'a rappelé un vers
de Ronsard, qui, à ce qu'il paraît, dînait mal :

> La vie est attelée
> A deux mauvais chevaux, le boire et le manger.

Nulle part ces deux chevaux ne sont plus mauvais qu'à
l'*hôtel de l'Epée*.

A propos, je ne vous ai pas dit que Zurich s'appelait autrefois *Turegum*. La Limmat le divise en deux villes, le
grand Zurich et le petit Zurich, que réunissent trois beaux
ponts, *sur lesquels les bourgeois se promènent souvent*,
dit Georges Bruin de Cologne. La vigne est bien exposée au
soleil. Il y a le vin de Zurich et le blé de Zurich.

Je vous embrasse, quoique je sois à treize cent vingt
pieds au-dessus de vous.

LETTRE XXXVI

ZURICH.

Il pleut. — Description d'une chambre. — Reflet du dehors dans
l'intérieur. — Le voyageur prend le parti de fouiller dans les
armoires. — Ce qu'il y trouve. — *Amours secrètes et Aventures honteuses de Napoléon Buonaparté.* — Le livre. — Les
estampes. — 1814. — 1840. — Choses curieuses. — Choses
sérieuses. — Il pleut.

Septembre,

J'ai quitté l'hôtel de l'Epée. Je suis venu me loger dans
la ville, n'importe où. Je n'ai plus la mauvaise auberge,
mais je n'ai plus la vue du lac. Il y a des moments où je
regrette en bloc le méchant dîner et le magnifique paysage.

Avant-hier, c'était un de ces moments-là. Il pleuvait.
J'étais enfermé dans la chambre que j'habite; — une petite chambre triste et froide, ornée d'un lit peint en gris
à rideaux blancs, de chaises à dossier en lyre, et d'un papier bleuâtre bariolé de ces dessins sans goût et sans style
qu'on retrouve indistinctement sur les robes des femmes
mal mises et sur les murs des chambres mal meublées,

J'ai ouvert la fenêtre, qui est une de ces hideuses fenêtres d'il y a cinquante ans qu'on appelait fenêtres-guillotines, et je regardais mélancoliquement la pluie tomber. La rue était déserte; toutes les croisées de la maison d'en face étaient fermées; pas un profil aux vitres, pas un passant sur ce pavage de petits cailloux ronds et noirs que la pluie faisait reluire comme des châtaignes mûres. La seule chose qui animât le paysage, c'était la gouttière du toit voisin, espèce de gargouille en fer-blanc figurant une tête d'âne à bouche ouverte, d'où la pluie tombait à flots; une pluie jaune et sale qui venait de laver les tuiles et qui allait laver le pavé. Il est triste qu'une chose prenne la peine de tomber du ciel sans autre résultat que de changer la poussière en boue.

J'étais retenu au gîte; le gîte était médiocrement plaisant. Que faire? La Fontaine a fait le vers de la circonstance. Je songeais donc. Par malheur, j'étais dans une de ces situations d'âme que vous connaissez sans doute, où l'on n'a aucune raison d'être triste et aucun motif d'être gai; où l'on est également incapable de prendre le parti d'un éclat de rire ou d'un torrent de larmes; où la vie semble parfaitement logique, unie, plane, ennuyeuse et triste; où tout est gris et blafard au dedans comme au dehors. Il faisait en moi le même temps que dans la rue, et, si vous me permettiez la métaphore, je dirais qu'il pleuvait dans mon esprit. Vous le savez, je suis un peu de la nature du lac; je réfléchis l'azur ou la nuée. La pensée que j'ai dans l'âme ressemble au ciel que j'ai sur la tête.

En retournant son œil, — passez-moi encore cette expression, — on voit un paysage en soi. Or, en ce moment-là, le paysage que je pouvais voir en moi ne valait guère mieux que celui que j'avais sous les yeux.

Il y avait deux ou trois armoires dans la chambre. Je les ouvris machinalement, comme si j'avais eu chance d'y

trouver quelque trésor. Or, les armoires d'auberges sont
toujours vides ; une armoire pleine, c'est l'habitation per-
manente. N'a pas de nid qui passe. Je ne trouvai donc rien
dans les armoires.

Pourtant, au moment où je refermais la dernière, j'a-
perçus sur la tablette d'en haut je ne sais quoi qui me parut quelque chose. J'y mis la main. C'était d'abord de la
poussière, et puis c'était un livre. Un petit livre carré
comme les almanachs de Liége, broché en papier gris,
couvert de cendre, oublié là depuis des années. Quelle
bonne fortune ! Je secoue la poussière, j'ouvre au hasard.
C'était en français. Je regarde le titre : — *Amours secrètes
et Aventures honteuses de Napoléon Buonaparté*, avec
gravures. — Je regarde les gravures : — Un homme à
gros ventre et à profil de polichinelle, avec redingote et
petit chapeau, mêlé à toutes sortes de femmes nues. Je
regarde la date : — 1814.

J'ai eu la curiosité de lire. O mon ami, que vous dire de
cela ? Comment vous donner une idée de ce livre imprimé
à Paris par quelque libelliste et oublié à Zurich par quelque Autrichien ? — Napoléon Buonaparté était laid ; ses
petits yeux enfoncés, son profil de loup et ses oreilles dé-
couvertes lui faisaient une figure atroce. — Il parlait mal ;
n'avait aucun esprit et aucune présence d'esprit ; marchait
gauchement ; se tenait sans grâce et prenait leçon de Talma
chaque fois qu'il fallait « trôner. » — Du reste, sa renommée militaire était fort exagérée ; il prodiguait la vie
des hommes ; il ne remportait des victoires qu'à force de
bataillons. (Reprocher les bataillons aux conquérants ! ne
croiriez-vous pas entendre ces gens qui reprochent les mé-
taphores aux poëtes ?) — Il a perdu plus de batailles qu'il
n'en a gagné. — Ce n'est pas lui qui a gagné la bataille
de Marengo, c'est Desaix ; ce n'est pas lui qui a gagné la
bataille d'Austerlitz, c'est Soult ; ce n'est pas lui qui a ga-

gné la bataille de la Moskowa, c'est Ney (1). — Ce n'était
qu'un capitaine du second ordre, fort inférieur aux généraux du grand siècle, à Turenne, à Condé, à Luxembourg,
à Vendôme; et même de nos jours, son « talent militaire » n'était rien, comparé au « génie guerrier » du duc
de Wellington. De sa personne, il était poltron. Il avait
peur au feu. Il se cachait pendant la canonnade à Brienne.
(A Brienne!) — Il avait vices sur vices. — Il mentait
comme un laquais. — Il était avare au point de ne donner
que dix francs par jour à une femme qu'il entretenait dans
une petite rue solitaire du faubourg Saint Marceau (l'auteur dit : *J'ai vu* la rue, la maison et la femme). Il était
jaloux au point d'enfermer cette femme, qui ne sortait
presque jamais et vivait séparée du monde entier, sans
une créature humaine pour la servir, en proie au désespoir et à la terreur. Voilà ce que c'était que *l'amour* de
Napoléon Buonaparté ! — Il avait en outre, — car ce jaloux féroce était un libertin effronté, Othello compliqué
de don Juan, — il avait en outre, dans tous les quartiers
de Paris, de petites chambres, des caves, des mansardes,
des oubliettes louées sous des noms supposés, où il attirait
sous divers prétextes des jeunes filles pauvres, etc., etc.,
etc. De là des troupeaux d'enfants, petites dynasties iné-
dites, relégués aujourd'hui dans des greniers ou ramassant
des loques et des haillons au coin des bornes sous une
hotte de chiffonnier. Voilà ce que c'était que *les amours*
de Napoléon Buonaparté ! — Qu'en dites-vous? La première
histoire rappelle un peu Geneviève de Brabant au fond de

---

(1) En 1814 on se servait contre *Buonaparté* des noms si jus-
tement renommés des lieutenants de Napoléon ; aujourd'hui tout
est à sa place : Desaix, Soult, Ney, sont de grandes et illustres
figures ; Napoléon est dans sa gloire ce qu'il était dans son armée, l'empereur.

son bois ; la seconde est renouvelée du Minotaure. J'en ai
entrevu bien d'autres et de pires, mais je n'ai pas eu le
courage d'aller plus loin. Je n'ai jamais de bien longues
rencontres avec ces livres que l'ennui ouvre et que le dé-
goût ferme.   •

Vous riez de cela? Je vous avoue que je n'en ris pas.
Il y a toujours dans les calomnies dirigées contre les grands
hommes, tant qu'ils sont vivants, quelque chose qui me
serre le cœur. Je me dis : Voilà donc de quelle manière
la reconnaissance contemporaine a traité ces génies que la
postérité entoure de respect, les uns parce qu'ils ont fait
leur nation plus grande, les autres parce qu'ils ont fait
l'humanité meilleure ! Soyez Molière, on vous accusera
d'avoir épousé votre fille ; soyez Napoléon, on vous accusera d'avoir aimé vos sœurs. — La haine et l'envie ne sont
pas inventives, direz-vous ; elles répètent toujours à peu
près les mêmes niaiseries, lesquelles deviennent inoffen-
sives à force d'être répétées. Qu'est-ce qu'une calomnie qui
est un plagiat? — Sans doute, si le public le savait ; mais
est-ce que le public sait que ce que l'on dit aujourd'hui du
grand homme d'aujourd'hui est précisément ce qu'on disait hier du grand homme d'hier? D'accord. Mais la foule
ignore tout. Les grands hommes ont dédaigné tout cela, direz-vous encore; sans doute; mais qui vous dit qu'ils n'ont
pas souffert autant qu'ils ont dédaigné? Qui sait tout ce
qu'il y a de douleurs poignantes dans les profondeurs
muettes du dédain? Qu'y a-t-il de plus révoltant que l'in-
justice, et quoi de plus amer que de recevoir une grande
injure quand on mérite une grande couronne? Savez-vous
si cet odieux petit livre dont vous riez aujourd'hui n'a pas
été officieusement envoyé en 1815 au prisonnier de Sainte-
Hélène, et n'a pas fait, tout stupide qu'il vous semble et
qu'il est, passer une mauvaise nuit à l'homme qui dormait
d'un si profond sommeil la veille de Marengo et d'Auster-

litz? N'y a-t-il pas des moments où la haine, dans ses af-
firmations effrontées et furieuses, peut faire allusion, même
au génie qui a la conscience de sa force et de son avenir?
Apparaître caricature à la postérité quand on a tout fait
pour lui laisser une grande ombre! Non, mon ami, je ne
puis rire de cet infâme petit libelle. Quand j'explore les
bas-fonds du passé, et quand je visite les caves ruinées
d'une prison d'autrefois, je prends tout au sérieux, les
vieilles calomnies que je ramasse dans l'oubli et les hideux
instruments de torture rouillés que je trouve dans la poussière.

Flétrissure et ignominie à ces misérables valets des bas-
ses-œuvres qui n'ont d'autres fonctions que de tourmenter
vivants ceux que la postérité adorera morts!

Si l'auteur sans nom de cet ignoble livre existe encore
aujourd'hui dans quelque coin obscur de Paris, quel châ-
timent ce doit être pour cet immonde vieillard, dont les
cheveux blancs ne sont qu'une couronne d'opprobre et de
honte, de voir, chaque fois qu'il a le malheur de passer
sur la place Vendôme, Napoléon, devenu homme de bronze,
salué à toute heure par la foule, enveloppé de nuées et de
rayons, debout sur son éternelle gloire et sur sa colonne
éternelle!

Depuis que j'avais fermé ce volume, tout s'était assom-
bri; la pluie était devenue plus violente au dehors, et la
tristesse plus profonde en moi. Ma fenêtre était restée
ouverte, et mon regard s'attachait machinalement à la gro-
tesque gouttière de fer-blanc qui dégorgeait avec furie un
flot jaunâtre et fangeux. Cette vue m'a calmé. Je me suis
dit que la plupart du temps ceux qui font le mal n'en ont
pas pleine conscience, qu'il y a chez eux plus d'ignorance
et d'ineptie encore que de méchanceté; et je suis demeuré
là immobile, silencieux, recueillant les enseignements
mystérieux que les choses nous donnent par les harmonies

qu'elles ont entre elles, le coude appuye sur ce stupide
pamphlet d'où s'était épanché tant de haine et de calomnie, et l'œil fixé sur cette bouche d'âne qui vomissait de
l'eau sale.

LETTRE XXXVII

SCHAFFHAUSEN.

Vue de Schaffhouse. — Schaffhausen. — Schaffouse. — Scha-phuse. — Schapfuse. — Shaphusia. — Probatopolis. — Ef-froyable combat et mêlée terrible des érudits et des antiquai-res. — Deux des plus redoutables s'attaquent avec furie. — L'auteur a la lâcheté de s'enfuir du champ de bataille, les lais-sant aux prises.—Le château Munoth.—Ce qu'était Schaffhouse il y a deux cents ans. — Quel était le joyau d'une ville libre. L'auteur dîne. — Une des innombrables aventures qui arri-vent à ceux qui ont la hardiesse de voyager à travers les or-thographes des pays. — Calaïsche à la choute. — L'auteur offre tranquillement de faire ce qui eût épouvanté Gargantua.

Septembre.

Je suis à Schaffhouse depuis quelques heures. Ecrivez *Schaffhausen*, et prononcez tout ce qu'il vous plaira. Fi-gurez-vous un Anxur suisse, un Terracine allemand, une ville du quinzième siècle, dont les maisons tiennent le mi-lieu entre les chalets d'Unterseen et les logis sculptés du vieux Rouen; perchée dans la montagne, coupée par le Rhin qui se tord dans son lit de roches avec une grande cla-

meur, dominée par des tours en ruine, pleine de rues à
pic et en zigzag, livrée au vacarme assourdissant des nym-
phes ou des eaux, — *nymphis, lymphis,* transcrivez Ho-
race comme vous voudrez, — et au tapage des laveuses.
Après avoir passé la porte de la ville, qui est une forteresse du treizième siècle, je me suis retourné, et j'ai vu
au-dessus de l'ogive cette inscription: SALVS EXEVNTIBVS.
J'en ai conclu qu'il y avait probablement de l'autre côté:
PAX INTRANTIBVS. J'aime cette façon hospitalière.

Je vous ai dit d'écrire *Schaffhausen* et de prononcer
tout ce qu'il vous plairait. Vous pouvez écrire aussi tout
ce qu'il vous plaira. Rien n'est comparable, pour l'entête-
ment et la diversité d'avis, au troupeau des antiquaires, si
ce n'est le troupeau des grammairiens. Platine écrit *Scha-
phuse,* Strumphius écrit *Schapfuse,* Georges Bruin écrit
Shaphusia, et Miconnis écrit *Probatopolis.* Tirez-vous de là.
Après le nom vient l'étymologie. Autre affaire. *Schaffhausen* signifie la ville du mouton, dit Glarean. — Point du
tout! s'exclame Strumphius. Schauffhausen veut dire *port
des bateaux,* de *schafa,* barque, et de *hause,* maison. —
Ville du mouton! répond Glarean; les armes de la ville
sont d'or au bélier de sable. — Port des bateaux! repart
Strumphius; c'est là que les bateaux s'arrêtent, dans l'im-
possibité d'aller plus loin. — Ma foi! que l'étymologie de-
vienne ce qu'elle pourra. Je laisse Strumphius et Glarean
se prendre aux coiffes.

Il faudrait batailler aussi à propos du vieux château Munoth, qui est près de Schaffhouse, sur l'Emmersberg, et
qui a pour étymologie *Munitio,* disent les antiquaires, à
cause d'une citadelle romaine qui était là. Aujourd'hui il
n'y a plus que quelques ruines, une grande tour et une
immense voûte casematée qui peut couvrir plusieurs cen-
taines d'hommes.

Il y a deux siècles, Schaffhouse était plus pittoresque en-

core. L'hôtel de ville, le couvent de la Toussaint, l'église
Saint-Jean, étaient dans toute leur beauté ; l'enceinte de
tours était intacte et complète. Il y en avait treize, sans
compter le château et sans compter les deux hautes tours
sur lesquelles s'appuyait cet étrange et magnifique pont
suspendu sur le Rhin que notre Oudinot fit sauter le 13
avril 1799, avec cette ignorance et cette insouciance des
chefs-d'œuvre qui n'est pardonnable qu'aux héros. Enfin,
hors de la cité, au delà de la porte-donjon qui va vers la
forêt Noire, dans la montagne, sur une éminence, à côté
d'une chapelle, on distinguait au loin, dans la brume de
l'horizon, un hideux petit édifice de charpente et de pierre,
— le gibet. Au moyen âge, et même il n'y a pas plus de
cent ans, dans toute commune souveraine, une potence
convenablement garnie était une chose élégante et magis-
trale. La cité ornée de son gibet, le gibet orné de son
pendu. Cela signifiait *ville libre.*

J'avais grand'faim, il était tard ; j'ai commencé par dîner. On m'a apporté un dîner français, servi par un garçon français, avec une carte en français. Quelques originalités, sans doute involontaires, se mêlaient, non sans
grâce, à l'orthographe de cette carte. Comme mes yeux
erraient parmi ces riches fantaisies du rédacteur local,
cherchant à compléter mon dîner, au-dessous de ces trois
lignes :

> *Haumelette au chantpinnions,*
> *Biffeteque au craison,*
> *Hépole d'agnot au laidgume.*

je suis tombé sur ceci.

Calaïsche à la choute, — 10 francs.

Pardieu! me suis-je dit, voilá un mets du pays : *calaïsche à la choute*. Il faut que j'en goûte. Dix francs! cela doit être quelque raffinement propre à la cuisine de Schaff-house. J'appelle le garçon. — Monsieur, une calaïsche à la choute. Ici le dialogue s'engage en français. Je vous ai dit que le garçon parlait français.

— Vort pien, monsir. Temain matin.

— Non, dis-je, tout de suite.

— Mais, monsir, il est pien tard.

— Qu'est-ce que cela fait?

— Mais il sera nuit tans eine hére.

— Eh bien?

— Mais monsir ne bourra bas foir.

— Voir! voir quoi? Je ne demande pas à voir.

— Che ne gombrends bas monsir.

— Ah çà! c'est donc bien beau à regarder, votre calaïs-che à la choute?

— Vort peau, monsir, atmiraple, manifigue!

— Eh bien, vous m'allumerez quatre chandelles tout au-tour.

— Guadre jantelles! Monsir choue. (Lisez : *Monsieur joue.*) Che ne gombrends bas.

— Pardieu! ai-je repris avec quelque impatience, je me comprends bien, moi, j'ai faim. Je veux manger.

— Mancher gouoi?

— Manger votre calaïsche.

— Notre calaïsche?

— Votre choute.

— Notre choute! mancher notre choute! Monsir choue. Mancher la choute ti Rhin!

Ici je suis parti d'un éclat de rire. Le pauvre diable de garçon ne comprenait plus, et moi, je venais de compren-dre. J'avais été le jouet d'une hallucination produite sur mon cerveau par l'orthographe éblouissante de l'aubergiste. *Calaïsche à la choute* signifiait *calèche à la chute*. En d'autres termes, après vous avoir offert à dîner, la carte vous offrait complaisamment une calèche pour aller voir la chute du Rhin à Laufen, moyennant dix francs.

Me voyant rire, le garçon m'a pris pour un fou, et s'en est allé en grommelant : — Mancher la choute ! églairer la choute ti Rhin afec guadre jantelles ! Ce monsir choue.

J'ai retenu pour demain matin une *calaïsche à la choute.*

LETTRE XXXVIII

LA CATARACTE DU RHIN.

Écrit sur place. — Arrivée. — Le château de Laufen. — La cataracte. — Aspect. Détails. — Causerie du guide. — L'enfant. — Les stations. — D'où l'on voit le mieux. — L'auteur s'adosse au rocher. — Un décor. — Une signature et un parafe. — Le jour baisse. — L'auteur passe le Rhin. — Le Rhin, le Rhône. — La cataracte en cinq parties. — Le forçat.

Laufen, septembre.

Mon ami, que vous dire? Je viens de voir cette chose inouïe. Je n'en suis qu'à quelques pas. J'en entends le bruit. Je vous écris sans savoir ce qui tombe de ma pensée. Les idées et les images s'y entassent pêle-mêle, s'y précipitent, s'y heurtent, s'y brisent, et s'en vont en fumée, en écume, en rumeur, en nuée. J'ai en moi comme un bouillonnement immense. Il me semble que j'ai la chute du Rhin dans le cerveau.

J'écris au hasard, comme cela vient. Vous comprendrez si vous pouvez.

On arrive à Laufen. C'est un château du treizième siècle,

d'une fort belle masse et d'un fort bon style. Il y a à la
porte deux guivres dorées, la gueule ouverte. Elles aboient.
On dirait que ce sont elles qui font le bruit mystérieux
qu'on entend.

On entre.

On est dans la cour du château. Ce n'est plus un château, c'est une ferme. Poules, oies, dindons, fumier, char-
rette dans un coin ; une cuve à chaux. Une porte s'ouvre.
La cascade apparaît.

Spectacle merveilleux !

Effroyable tumulte ! Voilà le premier effet. Puis on regarde. La cataracte découpe des golfes qu'emplissent de
larges squammes blanches. Comme dans les incendies, il y
a de petits endroits paisibles au milieu de cette chose pleine
d'épouvante ; des bosquets mêlés à l'écume ; de charmants
ruisseaux dans les mousses ; des fontaines pour les bergers
arcadiens du Poussin, ombragées de petits rameaux douce-
ment agités. — Et puis ces détails s'évanouissent, et l'impression de l'ensemble vous revient. Tempête éternelle.
Neige vivante et furieuse.

Le flot est d'une transparence étrange. Des rochers
noirs dessinent des visages sinistres sous l'eau. Ils paraissent toucher la surface et sont à dix pieds de profondeur. Au-dessous des deux principaux vomitoires de la
chute, deux grandes gerbes d'écume s'épanouissent sur le
fleuve et s'y dispersent en nuages verts. De l'autre côté du
Rhin, j'apercevais un groupe de maisonnettes tranquilles,
où les ménagères allaient et venaient.

Pendant que j'observais, mon guide me parlait. — Le
lac de Constance a gelé dans l'hiver de 1829 à 1830.
Il n'avait pas gelé depuis cent quatre ans. On y passait en
voiture. De pauvres gens sont morts de froid à Schaffhouse. —

Je suis descendu un peu plus bas, vers le gouffre. Le

ciel était gris et voilé. La cascade fait un rugissement de
tigre. Bruit effrayant, rapidité terrible. Poussière d'eau,
tout à la fois fumée et pluie. A travers cette brume on voit
la cataracte dans tout son développement. Cinq gros rochers
la coupent en cinq nappes d'aspects divers et de grandeurs
différentes. On croit voir les cinq piles rongées d'un pont
de Titans. L'hiver, les glaces font des arches bleues sur
ces culées noires.

Le plus rapproché de ces rochers est d'une forme étrange;
il semble voir sortir de l'eau pleine de rage la tête hideuse
et impassible d'une idole indoue, à trompe d'éléphant. Des
arbres et des broussailles qui s'entremêlent à son sommet
lui font des cheveux hérissés et horribles.

A l'endroit le plus épouvantable de la chute, un grand
rocher disparaît et reparaît sous l'écume comme le crâne
d'un géant englouti, battu depuis six mille ans de cette
douche effroyable.

Le guide continue son monologue. — La chute du Rhin
est à une lieue de Schaffhouse. La masse du fleuve tout entière tombe là d'une hauteur de « septante pieds. » —

L'âpre sentier qui descend du château de Laufen à l'a-
bîme traverse un jardin. Au moment où je passais assourdi
par la formidable cataracte, un enfant, habitué à faire ménage avec cette merveille du monde, jouait parmi des
fleurs et mettait en chantant ses petits doigts dans des
gueules-de-loup roses.

Ce sentier a des stations variées, où l'on paye un peu de
temps en temps. La pauvre cataracte ne saurait travailler
pour rien. Voyez la peine qu'elle se donne. Il faut bien
qu'avec toute cette écume qu'elle jette aux arbres, aux rochers, aux fleuves, aux nuages, elle jette aussi un peu
quelques gros sous dans la poche de quelqu'un. C'est bien
le moins.

Je suis parvenu par ce sentier jusqu'à une façon de balcon branlant pratiqué tout au fond, sur le gouffre et dans le gouffre.

Là, tout vous remue à la fois. On est ébloui, étourdi, bouleversé, terrifié, charmé. On s'appuie à une barrière de bois qui tremble. Des arbres jaunis, — c'est l'automne, — des sorbiers rouges entourent un petit pavillon dans le style du Café Turc, d'où l'on observe l'horreur de la chose. Les femmes se couvrent d'un collet de toile cirée (un franc par personne). On est enveloppé d'une effroyable averse tonnante.

De jolis petits colimaçons jaunes se promènent volup- tueusement sous cette rosée sur le bord du balcon. Le ro- cher qui surplombe au-dessus du balcon pleure goutte à goutte dans la cascade. Sur la roche qui est au milieu de la cataracte se dresse un chevalier-troubadour en bois peint, appuyé sur un bouclier rouge à croix blanche. Un homme a dû risquer sa vie pour aller planter ce décor de l'Ambigu au milieu de la grande et éternelle poésie de Jé- hovah.

Les deux géants qui redressent la tête, je veux dire les deux plus grands rochers, semblent se parler. Ce tonnerre est leur voix. Au-dessus d'une épouvantable croupe d'é- cume on aperçoit une maisonnette paisible avec son petit verger. On dirait que cette affreuse hydre est condamnée à porter éternellement sur son dos cette douce et heureuse cabane.

Je suis allé jusqu'à l'extrémité du balcon; je me suis adossé au rocher.

L'aspect devient encore plus terrible. C'est un écroule- ment effrayant. Le gouffre hideux et splendide jette avec rage une pluie de perles au visage de ceux qui osent le re- garder de si près. C'est admirable. Les quatre grands gon- flements de la cataracte tombent, remontent et redescendent sans cesse. On croit voir tourner devant soi les quatre roues fulgurantes du char de la tempête.

Le pont de bois était inondé. Les planches glissaient. Des feuilles mortes frissonnaient sous mes pieds. Dans une anfractuosité du roc, j'ai remarqué une petite touffe d'herbe desséchée. Desséchée sous la cataracte de Schaffhouse! dans ce déluge, une goutte d'eau lui a manqué. Il y a des cœurs qui ressemblent à cette touffe d'herbe. Au milieu du tourbillon des prospérités humaines, ils se dessèchent. Hélas! c'est qu'il leur a manqué cette goutte d'eau qui ne sort pas de la terre, mais qui tombe du ciel, l'amour !

Dans le pavillon turc, lequel a des vitraux de couleur, et quels vitraux! il y a un livre où les visiteurs sont priés d'inscrire leurs noms. Je l'ai feuilleté. J'y ai remarqué cette signature : *Henri*, avec ce parafe ♈. Est-ce un **V**?

Combien de temps suis-je resté là, abimé dans ce grand spectacle! Je ne saurais vous le dire. Pendant cette contemplation, les heures passeraient dans l'esprit comme les ondes dans le gouffre, sans laisser trace ni souvenir.

Cependant on est venu m'avertir que le jour baissait. Je suis remonté au château, et de là je suis descendu sur la grève d'où l'on passe le Rhin pour gagner la rive droite. Cette grève est au bas de la chute, et l'on traverse le fleuve à quelques brasses de la cataracte. On s'aventure pour ce trajet dans un petit batelet charmant, léger, exquis, ajusté comme une pirogue de sauvage, construit d'un bois souple comme de la peau de requin, solide, élastique, fibreux, touchant les rochers à chaque instant et s'y écorchant à peine, manœuvré comme tous les canots du Rhin et de la Meuse, avec un crochet et un aviron en forme de pelle. Rien n'est plus étrange que de sentir dans cette coquille les profondes et orageuses secousses de l'eau.

Pendant que la barque s'éloignait du port, je regardais
au-dessus de ma tête les créneaux couverts de tuiles et les
pignons taillés du château qui dominent le précipice. Des
filets de pêcheurs séchaient sur les cailloux au bord du
fleuve. On pêche donc dans ce tourbillon ? Oui, sans
doute. Comme les poissons ne peuvent franchir la cataracte, on prend là beaucoup de saumons. D'ailleurs, dans
quel tourbillon l'homme ne pêche-t-il pas ?

Maintenant je voudrais résumer toutes ces sensations si
vives et presque poignantes. Première impression : on ne
sait que dire, on est écrasé comme par tous les grands
poëmes. Puis l'ensemble se débrouille. Les beautés se dé-
gagent de la nuée. Somme toute, c'est grand, sombre, terrible, hideux, magnifique, inexprimable.

De l'autre côté du Rhin, cela fait tourner des moulins.

Sur une rive, le château ; sur l'autre, le village, qui
s'appelle Neuhausen.

Tout en nous laissant aller au balancement de la barque,
j'admirais la superbe couleur de cette eau. On croit nager
dans de la serpentine liquide.

Chose remarquable, chacun des deux grands fleuves des
Alpes, en quittant les montagnes, a la couleur de la mer
où il va. Le Rhône, en débouchant du lac de Genève, est
bleu comme la Méditerranée ; le Rhin, en sortant du lac
de Constance, est vert comme l'Océan.

Malheureusement le ciel était couvert. Je ne puis donc
pas dire que j'ai vu la chute de Laufen dans toute sa splen-
deur. Rien n'est riche et merveilleux comme cette pluie de
perles dont je vous ai déjà parlé, et que la cataracte répand
au loin. Cela doit être pourtant plus admirable encore
lorsque le soleil change ces perles en diamants et que l'arc-
en-ciel plonge dans l'écume éblouissante son cou d'émeraude comme un oiseau divin qui vient boire à l'abîme.

De l'autre bord du Rhin, d'où je vous écris en ce mo-

ment, la cataracte apparait dans son entier, divisée en cinq
parties bien distinctes qui ont chacune leur physionomie
à part et forment une espéce de crescendo. La première,
c'est un dégorgement de moulin ; la seconde, presque sy-
métriquement composée par le travail du flot et du temps,
c'est une fontaine de Versailles; la troisième, c'est une
cascade; la quatrième est une avalanche; la cinquième est
le chaos.

Un dernier mot et je ferme cette lettre. A quelques pas
de la chute, on exploite la roche calcaire, qui est fort
belle. Du milieu d'une des carrières qui sont là, un galé-
rien, rayé de gris et de noir, la pioche à la main, la double chaine au pied, regardait la cataracte. Le hasard semble se complaire parfois à confronter dans des antithèses,
tantôt mélancoliques, tantôt effrayantes, l'œuvre de la nature et l'œuvre de la société.

LETTRE XXXIX

VÉVEY. — CHILLON. — LAUSANNE.

Ce que l'auteur cherche dans ses voyages. — Vévey. — L'église.
— La vieille femme bedeau. — Deux tombeaux. — Edmond
Ludlow. — Andrew Broughton. — David. — Les proscrits. —
Comparaison des épitaphes. — Philosophie. — Un troisième
tombeau. — L'apothicaire. — Néant des choses humaines pro-
clamé par celui qui a passé sa vie à poursuivre M. de Pour-
ceaugnac. — Le soir. — Souvenirs de jeunesse. — Vaugirard
et Meillerie. — Paysage. — Clair de lune. — Histoire. — Traces
de tous les peuples en Suisse. — Les Grecs. — Les Romains.
— Les Huns. — Les Hongrois. — Chillon. — Le château. —
Une femme française. — La crypte. — Les trois souterrains.
— Détails sinistres. — Le gibet. — Les cachots. — Bonnivard.
— La cage donne la même allure au penseur et à la bête fauve.
— Touchante et lugubre histoire de Michel Cotié. — Ses dessins sur la muraille. — Impuissance démontrée de saint Christophe. — Nom de lord Byron gravé par lui-même sur un
pilier — Détails. — La voûte devient bleue. — Magnificences
secrètes et générosités cachées de la nature. — Les martins-
pêcheurs. — Sept colonnes, sept cellules. — Trois cachots
superposés. — Peintures faites par les prisonniers. — Les oubliettes. — Ce qu'on y a trouvé. — La cave comblée. — Permission refusée à lord Byron. — L'auteur descend dans le
caveau où Byron n'a pu entrer. — Ce qu'il y voit. — Le duc
Pierre de Savoie. — Encore la destinée des sarcophages. — Le
cimetière. — La chapelle. — La chambre des ducs de Savoie.
— Intérieur. — Ce qu'en ont fait les gens de Berne. — La
fenêtre. — La porte. — Traces de l'assaut. — Quel oiseau pas-

Vévey, 21 septembre.

A M. LOUIS B.

Je vous écris cette lettre, cher Louis, à peu près au hasard, ne sachant pas où elle vous trouvera, ni même si elle vous trouvera. Où êtes-vous en ce moment? que faites-vous? Êtes-vous à Paris? êtes-vous en Normandie? Avez-vous l'œil fixé sur les toiles que votre pensée fait rayonner? ou visitez-vous, comme moi, la galerie de peinture du bon Dieu? Je ne sais ce que vous faites; mais je pense à vous, je vous écris et je vous aime.

Je voyage en ce moment comme l'hirondelle. Je vais devant moi cherchant le beau temps. Où je vois un coin du ciel bleu, j'accours. Les nuages, les pluies, la bise, l'hiver, viennent derrière moi comme des ennemis qui me poursuivent, et recouvrent les pauvres pays à mesure que je les quitte. Il pleut maintenant à verse sur Strasbourg, que je visitais il y a quinze jours; sur Zurich, où j'étais la semaine passée; sur Berne, où j'ai passé hier. Moi, je suis à Vévey, jolie petite ville, blanche, propre, anglaise, confortable, chauffée par les pentes méridionales du mont Chardonne comme par des poêles et abritée par les Alpes comme par un paravent. J'ai devant moi un ciel d'été, le soleil, des coteaux couverts de vignes mûres, et cette magnifique émeraude du Léman enchâssée dans des montagnes de neige comme dans une orfévrerie d'argent. — Je vous regrette.

Vévey n'a que trois choses; mais ces trois choses sont charmantes : sa propreté, son climat et son église. — Je devrais me borner à dire la tour de son église; car l'église elle-même n'a plus rien de remarquable. Elle a subi cette espéce de dévastation soigneuse, méthodique et vernissée que le protestantisme inflige aux églises gothiques. Tout est ratissé, raboté, balayé, défiguré, blanchi, lustré et frotté. C'est un mélange stupide et prétentieux de barbarie et de nettoyage. Plus d'autel, plus de chapelles, plus de reliquaires, plus de figures peintes ou sculptées; une table et des stalles de bois qui encombrent la nef, voilà l'église de Vévey.

Je m'y promenais assez maussadement, escorté de cette vieille femme, toujours la même, qui tient lieu de bedeau aux églises calvinistes, et me cognant les genoux aux bancs de M. le préfet, de M. le juge de paix, de MM. les pasteurs, etc., etc., quand, à côté d'une chapelle condamnée où m'avaient attiré quelques belles vieilles consoles du quatorzième siècle oubliées là par l'architecte puritain, j'ai aperçu dans un enfoncement obscur une grande lame de marbre noir appliquée au mur. C'est la tombe d'Edmond Ludlow, un des juges de Charles I, mort réfugié à Vévey en 1698. Je croyais cette tombe à Lausanne. Comme je me baissais pour ramasser mon crayon

tombé à terre, le mot *depositorium*, gravé sur la dalle, a
frappé mes yeux. Je marchais sur une autre tombe, sur un
autre régicide, sur un autre proscrit, Andrew Broughton.
Andrew Broughton était l'ami de Ludlow. Comme lui il
avait tué Charles Ier, comme lui il avait aimé Cromwell,
comme lui il avait haï Cromwell, comme lui il dort dans
la froide église de Vévey. — En 1816, David, en fuite comme
Ludlow et Broughton, a passé à Vévey. A-t-il visité l'é-
glise? Je ne sais; mais les juges de Charles Ier avaient
bien des choses à dire au juge de Louis XVI. Ils avaient
à lui dire que tout s'écroule, même les fortunes bâties sur
un échafaud ; que les révolutions ne sont que des vagues,
où il ne faut être ni écume ni fange ; que toute idée révo-
lutionnaire est un outil qui a deux tranchants, l'un avec
lequel on coupe, l'autre auquel on se coupe ; que l'exilé
qui a fait des exilés, que le proscrit qui a été proscripteur,
traînent après eux une mauvaise ombre, une pitié mêlée
de colère, le reflet des misères d'autrui flamboyant comme
l'épée de l'ange sur leur propre malheur. Ils pouvaient
dire aussi à ce grand peintre, — n'est-ce pas, Louis? —
que pour le penseur, en un jour de contemplation, il sort
de la sérénité du ciel et de l'azur profond du Léman plus
d'idées nobles, plus d'idées bienveillantes, plus d'idées
utiles à l'humanité qu'il n'en sort en dix siècles de vingt
révolutions comme celles qui ont égorgé Charles Ier et
Louis XVI ; et qu'au-dessus des agitations politiques, éternellement au-dessus de ces tempêtes climatériques des nations, dont le flux bourbeux apporte aussi bien Marat que
Mirabeau, il y a, pour les grandes âmes, l'art, qui contient l'intelligence de l'homme, et la nature, qui contient
l'intelligence de Dieu !

Pendant que je me laissais aller à toutes ces rêvasse-
ries, un rayon du soleil couchant, entré par je ne sais
quelle lucarne et comme dépaysé dans cette église nue et

morne, est venu se poser sur les tombes comme la lumière d'un flambeau, et j'ai lu les épitaphes. Ce sont de longues et graves protestations où semble respirer l'âme des deux vieux régicides, hommes intègres, purs et grands d'ailleurs. Tous deux exposent les faits de leur vie et le fait de leur mort sans colère, mais sans concession. Ce sont des phrases rigides et hautaines, dignes en effet d'être dites par le marbre. On sent que tous deux regrettent la patrie. La patrie est toujours belle, même Londres vue du Léman. Mais ce qui m'a frappé, c'est que chacun des deux vieillards a pris une posture différente dans le tombeau. Edmond Ludlow s'est envolé joyeux vers les demeures éternelles, *sedes æternas lætus advolavit*, dit l'épitaphe debout contre le mur. Andrew Broughton, fatigué des travaux de la vie, s'est endormi dans le Seigneur, *in Domino obdormivit*, dit l'épitaphe couchée à terre. Ainsi, l'un joyeux, l'autre las. L'un a trouvé des ailes dans le sépulcre, l'autre y a trouvé un oreiller. L'un avait tué un roi et voulait le paradis ; l'autre avait fait la même chose et demandait le repos.

Ne vous semble-t-il pas, comme à moi, qu'il y a dans ces deux petites phrases si courtes la clef des deux hommes et la nuance des deux convictions ? Ludlow était un penseur ; il avait déjà oublié le roi mort, et ne voyait plus que le peuple émancipé. Broughton était un ouvrier ; il ne songeait plus au peuple, et avait toujours présente à l'esprit cette rude besogne de jeter bas un roi. Ludlow n'avait jamais vu que le but, Broughton que le moyen. Ludlow regardait en avant, Broughton regardait en arrière. L'un est mort ébloui, l'autre harassé.

Comme je quittais ces deux tombes, une troisième épitaphe m'a attiré, longue et solennelle apostrophe au voyageur gravée en or sur marbre noir, comme celle de Ludlow. Mon pauvre Louis, à côté de toute grande chose il y

a une parodie. Près des deux régicides il y a un àpothi-
caire. C'est un respectable praticien, appelé Laurent Matte,
fort honnête et fort charitable homme d'ailleurs, qui,
parce qu'il lui est arrivé de faire fortune à Libourne et de
se retirer du commerce à Vévey, veut absolument que le
passant s'arrête et réfléchisse sur l'inconstance des choses
humaines : *Morare parumper, qui hàc transis, et respice
rerum humanarum inconstantiam et ludibrium.*

Si jamais tombe emphatique a été ridicule, c'est à coup
sûr celle qui coudoie les deux pierres sévères sous lesquelles Ludlow et Broughton gisent avec leurs mains san-
glantes.

Le soir, — c'était hier, — je me suis promené au bord
du lac. J'ai bien pensé à vous, Louis, et à nos douces
promenades de 1828, quand nous avions vingt-quatre ans,
quand vous faisiez *Mazeppa*, quand je faisais les *Orientales*, quand nous nous contentions d'un rayon horizontal
du couchant étalé sur Vaugirard. La lune était presque
dans son plein. La haute crête de Meillerie, noire au sommet et vaguement modelée à mi-côte, emplissait l'horizon. Au fond, à ma gauche, au-dessous de la lune, les
dents d'Oche mordaient un charmant nuage gris-perle,
et toutes sortes de montagnes fuyaient tumultueusement
dans la vapeur. L'admirable clarté de la lune calmait tout
ce côté violent du paysage. Je marchais au bord même
du flot. C'était la nuit de l'équinoxe. Le lac avait cette agi-
tation fébrile qui, à l'époque des grandes marées, saisit
toutes les masses d'eau et les fait frissonner. De petites
lames envahissaient par moments le sentier de cailloux
où j'étais, et mouillaient la semelle de mes bottes. A
l'ouest, vers Genève, le lac, perdu sous les brumes, avait
l'aspect d'une énorme ardoise. Des bruits de voix m'arri-
vaient de la ville, et je voyais sortir du port de Vévey un
bateau allant à la pêche. Ces bateaux-pêcheurs du Léman

ont une forme que le lac leur a donnée. Ils sont munis de
deux voiles latines attachées en sens inverse à deux mâts
différents, afin de saisir les deux grands vents qui s'en-
gouffrent dans le Léman par ses deux bouts, l'un par Genève, qui vient des plaines, l'autre par Villeneuve, qui
vient des montagnes. Au jour, au soleil, le lac est bleu,
les voiles sont blanches, et elles donnent à la barque la
figure d'une mouche qui courrait sur l'eau les ailes dres-
sées. La nuit, l'eau est grise et la mouche est noire. Je regardais donc cette gigantesque mouche, qui marchait lentement vers Meillerie, découpant sur la clarté de la lune
ses ailes membraneuses et transparentes. Le lac jasait à
mes pieds. Il y avait une paix immense dans cette immense
nature. C'était grand et c'était doux. Un quart d'heure
après la barque avait disparu, la fièvre du lac s'était cal-
mée, la ville s'était endormie. J'étais seul, mais je sentais
vivre et rêver toute la création autour de moi.

Je songeais à mes deux régicides, qui prennent, eux
aussi, leur part de ce sommeil et de ce repos de toutes
choses dans ce beau lieu. Je m'abimais dans la contemplation de ce lac que Dieu a rempli de sa paix et que les
hommes ont rempli de leurs guerres. C'est un triste privilége des lieux les plus charmants d'attirer les invasions et
les avalanches. Les hommes sont comme la neige, ils fon-
dent et se précipitent dans les vallées éclairées par le soleil. Toute cette ravissante côte basse du Léman a été,
depuis trois mille ans, sans cesse dévastée par des pas-
sants armés qui venaient, chose étrange, du midi aussi
bien que du nord. Les Romains y ont trouvé la trace des
Grecs ; les Allemands y ont trouvé la trace des Arabes. La
tour de Glérolle a été bâtie par les Romains contre les
Huns. Neuf cents ans plus tard la tour de Goure a été bâtie par les Vaudois contre les Hongrois. L'une garde Vévey ;
l'autre protége Lausanne. En feuilletant, l'autre jour,

dans la bibliothèque de Bâle, un assez curieux exemplaire des *Commentaires* de César, je suis tombé sur un passage où César dit qu'on trouva dans le camp des Helvétiens des tablettes écrites en caractères grecs, et j'en ai pris note : *Repertæ sunt tabulæ litteris græcis confectæ (de Bell. gall.*, xl, i).

Les Romains ont laissé à ce délicieux pays deux ou trois tours de guerre, des tombeaux, entre autres, la sombre et touchante épitaphe de Julia Alpinula, des armes, des bornes milliaires, la grande voie militaire qui balafre ces admirables vallées depuis le Valais jusqu'à Avenches, par Vévey et Attalins, et dont on découvre encore çà et là quelques arrachements. Les Grecs lui ont laissé des processions-pantomimes qui rappellent les théories, et où il y a des jeunes filles couronnées de lierre qu'on traîne sur des chars. Ils lui ont laissé aussi les Koraules de la Gruyère, ces danses que leur nom explique, χορὸς et αὐλὴ. Ainsi des forteresses, des sépulcres, une épitaphe qui est une élégie, une route stratégique, voilà l'empreinte de Rome ; des processions qui semblent ordonnées par Thespis et *une danse au son de la flûte*, voilà la trace de la Grèce.

Ce matin je suis allé à Chillon par un admirable soleil. Le chemin court entre des vignes au bord du lac. Le vent faisait du Léman une immense moire bleue ; les voiles blanches étincelaient. Au bas de la route les mouettes s'accostaient gracieusement sur des roches à fleur d'eau. Vers Genève l'horizon imitait l'Océan.

Chillon est un bloc de tours posé sur un bloc de rochers. Tout le château est du douzième et du treizième siècle, à l'exception de quelques boiseries, portes, tables, plafonds, etc., qui sont du seizième. Il sert aujourd'hui d'arsenal et de poudrière au canton de Vaud. La bouche des canons touche l'embrasure des catapultes.

C'est une femme française qui fait faire aux visiteurs la promenade du château avec beaucoup de bonne grâce et d'intelligence.

La crypte, qui est au niveau des eaux du lac, se partage en trois souterrains principaux. Le premier, qui est ajusté comme une serrure à l'entrée des deux autres, était la salle des gardes. C'est une vaste nef formée de deux voûtes ogives juxtaposées, dont les retombées s'appuient, au milieu de la salle, sur une rangée de piliers qui la traverse. Le second souterrain, plus petit, se divise en deux chambres fort sombres. La première était un cachot, la deuxième est un lieu sinistre. Dans la première on entrevoit un grand lit de pierre creusé dans le roc vif; dans la seconde, entre deux énormes piliers carrés dont l'un est le mur même, on distingue confusément, après une station de quelques minutes dans cette cave, un madrier scellé transversalement par les deux bouts dans le granit brut, et dont l'arête supérieure présente des façons de dents de scie, comme si elle avait été usée et entaillée profondément et à différents endroits par une corde ou par une chaîne qu'on y aurait nouée. Au milieu de cette traverse il y a un trou carré qui laisse passer le jour, si l'on peut appeler jour la lueur blafarde et terreuse qui s'accroche çà et là aux angles de la voûte. Ce vague et horrible appareil est un gibet. Ces entailles ont été faites en effet par des chaînes patibulaires. Ce trou laissait passer la corde d'encas. Les deux échelles du patient et du bourreau, qui étaient appliquées aux deux piliers vis-à-vis l'une de l'autre, ont disparu. En face du gibet il y avait dans la muraille un pertuis par où l'on jetait le cadavre au lac. Ce pertuis a été muré, et s'est changé en une niche basse pleine de ténèbres qui fait une tache noire au pied du mur. A deux pas de cette niche aboutit l'escalier à vis de la chambre de justice avec sa massive porte de chêne à peine équarrie.

La troisième salle ressemble à la première; seulement elle est beaucoup plus obscure. Les meurtrières ont été comblées et se sont transformées en soupiraux. Dans chaque entrecolonnement il y avait un cachot. On a jeté bas les cloisons, et les compartiments qu'avaient remplis tant de misères diverses pendant trois siècles se sont effacés. C'est le cinquième de ces compartiments que Bonnivard a rendu célèbre. Il ne reste plus de son cachot que le pilier, de la chaîne de ses pieds qu'un anneau scellé dans ce même pilier, de la chaîne de son cou qu'un trou dans la pierre. L'anneau de cette chaîne a été arraché. Je suis resté longtemps comme rivé moi même à ce pilier, autour duquel ce libre penseur a tourné pendant six ans comme une bête fauve. Il ne pouvait se coucher — sur le roc — qu'à grand'peine et sans pouvoir allonger ses membres. Il n'avait en effet d'autres distractions que les distractions des bêtes fauves renfermées. Il usait le bas du pilier avec son talon. J'ai mis ma main dans le trou qu'il a fait ainsi. Et il marquait, en l'usant de même avec le pied, le saillie de granit où sa chaîne lui permettait d'atteindre. Pour tout horizon il avait la hideuse muraille de roc vif opposée au mur qui trempe dans le lac. — Voilà dans quelles cages on mettait la pensée en 1530.

Le premier des cinq compartiments ne m'a pas moins intéressé que le cinquième. Dans le cachot de Bonnivard il y a eu l'intelligence, dans celui-ci il y a eu le dévouement. Un jeune homme de Genève, nommé Michel Cotié, avait pour le prieur de Saint-Victor un attachement mêlé d'admiration. Quand il sut Bonnivard à Chillon, il voulut le sauver. Il connaissait le château de Chillon pour y avoir servi; il s'y introduisit de nouveau et s'y fit donner je ne sais quelle besogne domestique. Quelque imprudence le trahit : il fut pris essayant de communiquer avec Bonnivard. On le traita en espion et on le mit dans un cachot (le premier à droite en entrant). On l'aurait bien pendu, mais le duc de Savoie voulait des aveux qui compromissent Bonnivard. Cotié résista vaillamment à la torture. Une nuit il tenta de s'échapper : il scia sa chaine et perça son mur avec un clou, il grimpa jusqu'à un des soupiraux et arracha une barre de fer. Là il se crut sauvé. La nuit était très-noire; il se jeta dans le lac; il n'avait séjourné au château que l'été, et il avait remarqué que l'eau du lac montait à quelques pieds au-dessous des soupiraux : mais c'était l'hiver; en hiver, il n'y a plus de fontes de neige, l'eau du lac baisse et laisse à découvert les rochers dans lesquels est enraciné Chillon; il ne les vit pas et s'y brisa. — Voilà l'histoire de Cotié.

Rien ne reste de lui que quelques dessins charbonnés sur le mur. Ce sont des figures demi-nature qui ne manquent pas d'un certain style : un Christ en croix presque effacé, une sainte à genoux avec sa légende autour de sa tête en caractères gothiques, un saint Christophe (que j'ai copié; vous savez ma manie), et un saint Joseph. L'aventure de Cotié dément, à mon grand regret, la tradition *Christofori faciem*, etc. Son saint Christophe ne l'a pas sauvé de mort violente.

Le soupirail par où Michel Cotié s'est précipité fait face au troisième pilier. C'est sur ce pilier que Byron a écrit son nom avec un vieux poinçon à manche d'ivoire, trouvé en 1536 dans la chambre du duc de Savoie, par les Bernois qui délivrèrent Bonnivard. Ce nom *Byron*, gravé sur la colonne de granit, en grandes lettres un peu inclinées, jette un rayonnement étrange dans le cachot.

Il était midi, j'étais encore dans la crypte, je dessinais le saint Christophe; — je lève les yeux par hasard, la voûte était bleue. — Le phénomène de la Grotte d'Azur s'accomplit dans le souterrain de Chillon, et le lac de Genève n'y réussit pas moins bien que la Méditerranée. Vous le voyez, Louis, la nature n'oublie personne ; elle n'oubliait pas Bonnivard dans sa basse-fosse. A midi elle changeait le souterrain en palais ; elle tendait toute la voûte de cette splendide moire bleue dont je vous parlais toute à l'heure, et le Léman plafonnait le cachot.

Et puis, elle envoyait au prisonnier des martins-pêcheurs qui venaient rire et jouer dans son soupirail. — Les ducs de Savoie ont disparu du château de Chillon, les martins-pêcheurs l'habitent toujours. L'affreuse crypte ne leur fait pas peur ; on dirait qu'ils la croient bâtie pour eux ; ils entrent hardiment par les meurtrières, et s'y abritent, tantôt du soleil, tantôt de l'orage.

Il y a sept colonnes dans la crypte, il y avait sept cachots. Les gens de Berne y trouvèrent six prisonniers, parmi lesquels Bonnivard ; et les délivrèrent tous, excepté un meurtrier nommé Albrignan, qu'ils pendirent à la traverse de la chambre noire. C'est la dernière fois que ce gibet a servi.

Chaque tour de Chillon pourrait raconter de sombres aventures. Dans l'une, on m'a montré trois cachots superposés ; on entre dans celui du haut par une porte, dans les deux autres par une dalle qu'on soulevait et qu'on laissait retomber sur le prisonnier. Le cachot d'en bas recevait un peu de lumière par une lucarne ; le cachot intermédiaire n'avait ni air ni jour. Il y a quinze mois, on y est descendu avec des cordes, et l'on a trouvé sur le pavé un lit de paille fine où la place d'un corps était encore marquée, et çà et là des ossements humains. Le cachot supérieur est orné de ces lugubres peintures de prisonnier qui semblent faites avec du sang. Ce sont des arabesques, des fleurs, des blasons, un palais à fronton brisé dans le style de la renaissance. — Par la lucarne le prisonnier pouvait voir un peu de feuilles et d'herbe dans le fossé.

Dans une autre tour, après quelques pas sur un plancher vermoulu qui menace ruine et où il est défendu de marcher, j'ai aperçu par un trou carré un abîme creusé dans la masse même de la tour : ce sont les oubliettes. Elles ont quatre-vingt-onze pieds de profondeur, et le fond en était hérissé de couteaux. On y a trouvé un squelette disloqué et une vieille couverture en poil de chèvre rayée de gris et de noir, qu'on a jetée dans un coin, et sur laquelle j'avais les pieds tandis que je regardais dans le gouffre.

Dans une autre tour il y avait une cave comblée. Lord Byron, en 1816, demanda la permission d'y faire des fouilles. On la lui refusa sous je ne sais quels prétextes d'architecte. Depuis on a déblayé le caveau. J'y suis descendu. C'est là qu'était la sépulture du duc Pierre de Savoie, qui fut un des grands hommes de son temps, et qu'on avait surnommé le *petit Charlemagne* (deux mots mal accouplés, soit dit en passant). L'an 1268, le duc Pierre fut descendu en grande pompe dans ce caveau. Aujourd'hui, le tombeau et le duc, tout a disparu. J'ai vu la vieille porte pourrie du caveau, sans gonds et sans serrure, appuyée au mur sous le hangar d'une cour voisine; et il ne reste plus rien du grand-duc Pierre que l'empreinte carrée du chevet de son sarcophage, arraché de la muraille par les Bernois.

Cette cour voisine était elle-même un cimetière où plusieurs grands seigneurs savoyards avaient des tombes. Il n'y a plus maintenant qu'un peu d'herbe et un vieux lierre mort autour d'une vieille poutre déchaussée.

Je n'ai pu visiter la chapelle, qui est pleine de gargousses. La chambre des ducs est au-dessus du caveau sépulcral. Les Bernois en avaient mutilé les lambris et en

avaient fait un corps de garde. La fumée des pipes a noirci
le plafond de bois à caissons fleurdelisés et à nervures se-
mées de croix d'argent. L'ours de Berne est peint sur la
cheminée. L'écusson de Savoie est gratté. On montre un
trou dans leur mur où, dit-on, il y avait un trésor, et d'où
les gens de Berne ont tiré avec de grands cris de joie les
belles orfévreries de M. de Savoie. Le fait est que tous ces
merveilleux vases de Benvenuto et de Colomb ont dû faire
un admirable effet en roulant pêle-mêle dans un corps de
garde. Vous voyez d'ici le tableau. Si vous le faisiez,
Louis, il serait ravissant. —La chambre était ornée d'une
belle châsse peinte à fresque, dont on voit encore quelques jambes et quelques bras. La fenêtre est une croisée
du quinzième siècle assez finement sculptée au dehors.

La porte de cette chambre ducale a été arrachée après
l'assaut. On me l'a montrée dans une grande salle voisine,
où il y a, par parenthèse, quelques tables curieuses et une
belle cheminée. C'est une porte de chêne massif doublée
avec des cuirasses aplaties sur l'enclume. Vers le bas de
la porte est une ouverture ronde à biseau par laquelle
passait le bec d'un fauconneau. Une balle bernoise a profondément troué l'armature de fer et s'est arrêtée dans le
chêne. En mettant le doigt dans le trou, on sent la balle.

La salle de justice est voisine de la chambre ducale. Fi-
gurez-vous une magnifique nef, plafonnée à caissons, chauffée par une cheminée immense, égayée par dix ou douze
fenêtres ogives trilobées du treizième siècle, et meublée
aujourd'hui de canons, ce qui ne la dépare pas. Toutes
les salles voisines sont pleines de boulets, de bombes, d'o-
busiers et de canons, dont quelques-uns ont encore la belle
forme monstrueuse des derniers siècles. On entrevoit par
les portes entre-bâillées ces formidables bouches de cuivre
qui reluisent dans l'ombre.

Au bout de la salle de justice est la chambre de torture.

A quelques pieds au-dessous du plafond, une grosse poutre la traverse de part en part. J'ai vu dans cette poutre les trois trous par où passait la corde de l'estrapade.

Cette solive s'appuie sur un pilier de bois couronné d'un charmant chapiteau du quatorzième siècle, qui a été peint et doré. Le bas du pilier, auquel on attachait le patient, est déchiré par des brûlures noires et profondes. Les instruments de torture, en se promenant sur l'homme, rencontraient le bois de temps en temps. De là ces hideuses cicatrices. La chambre est éclairée par une belle fenêtre ogive qu'emplit un paysage éblouissant.

Une chose remarquable, c'est que le château de Chillon, quoique entouré d'eau, est préservé de toute humidité à tel point qu'on en laisse les fenêtres ouvertes hiver comme été. Au printemps, les petits oiseaux viennent faire leur nid dans la bouche des obusiers.

Après une visite de trois heures j'ai quitté Chillon, et, rentré à Vévey, je suis allé revoir Ludlow dans son église. C'est avec un grand sens, selon moi, que la Providence a rapproché la tombe de Ludlow du cachot de Bonnivard. Un fil mystérieux, qui traverse les événements de deux siècles, lie ces deux hommes. Bonnivard et Ludlow avaient la même pensée : l'émancipation de l'esprit et du peuple. La réforme de Luther, à laquelle coopérait Bonnivard, est devenue en cent trente ans la révolution de Cromwell, dans laquelle trempait Ludlow. Ce que Bonnivard voulait pour Genève, Ludlow le voulait pour Londres. Seulement, Bonnivard, c'est l'idée persécutée; Ludlow, c'est l'idée persécutrice; ce que le duc de Savoie avait fait à Bonnivard, Ludlow l'a rendu avec usure à Charles Ier. L'histoire de la pensée humaine est pleine de ces retours surprenants. Donc, et c'est ici que se clôt le magnifique syllogisme de la Providence, près de la prison de Bonnivard il fallait le sépulcre de Ludlow.

C'est à Lausanne, cher Louis, que j'achève cette interminable lettre. Un vent glacial me vient par ma fenêtre; mais je la laisse ouverte pour l'amour du lac, que je vois presque entier d'ici. Chose bizarre, Vévey est la ville la plus chaude de la Suisse, Lausanne en est la plus froide. Quatre lieues séparent Lausanne de Vévey; la Provence touche la Sibérie.

L'année donne en moyenne à Paris cent cinquante et un jours de pluie; à Vévey, cinquante-six. Prenez cela comme vous voudrez et ouvrez votre parapluie.

Lausanne n'a pas un monument que le mauvais goût puritain n'ait gâté. Toutes les délicieuses fontaines du quinzième siècle ont été remplacées par d'affreux cippes de granit, bêtes et laids comme des cippes qu'ils sont. L'hôtel de ville a son beffroi, son toit et ses gargouilles de fer brodé, découpé et peint; mais les fenêtres et les portes ont été fâcheusement retouchées. Le vieux château des baillis, cube de pierre rehaussé par des mâchicoulis en briques, avec quatre tourelles aux quatre angles, est d'une fort belle masse; mais toutes les baies ont été refaites; les contrevents verts de Jean-Jacques se sont stupidement cramponnés aux vénérables croisées à croix de Guillaume de Challant. La cathédrale est un noble édifice du treizième et du quatorzième siècle; mais presque toutes les figures ont été soigneusement amputées; mais il n'y a plus un tableau; mais il n'y a plus une verrière; mais elle est badigeonnée en gris de papier à sucre; mais ils ont pauvrement remis à neuf la flèche du clocher de la croisée, et ils ont posé sur le clocher du portail le bonnet pointu du magicien Rothomago. Cependant il y a encore de superbes statues sous le portail méridional, et, à quelques figurines près, on a laissé intacte la belle porte flamboyante de M. de Montfaucon, le dernier évêque qu'ait eu Lausanne. Dans l'intérieur, je me trompais, il reste un vitrail, celui de la rosace. Ils ont respecté aussi un charmant banc d'œuvre de la transition, mêlé de gothique fleuri et de renaissance, don de ce même M. de Montfaucon; un grand nombre de chapiteaux romans, d'une complication exquise, et quelques tombeaux admirables, entre autres celui du chevalier de Granson, qui est couché sur sa tombe, les mains coupées, ayant été vaincu dans un duel. Au-dessous du chevalier, vêtu de sa chemise de fer, j'ai remarqué la pierre mortuaire de M. de Rebecque, aïeul de Benjamin Constant.

Quand je suis sorti de l'église, la nuit tombait, et j'ai encore pensé à vous, mon grand peintre. Lausanne est un bloc de maisons pittoresques, répandu sur deux ou trois collines, qui partent du même nœud central, et coiffé de la cathédrale comme d'une tiare. J'étais sur l'esplanade de l'église devant le portail, et pour ainsi dire sur la tête de la ville. Je voyais le lac au-dessus des toits, les montagnes au-dessus du lac, les nuages au-dessus des montagnes, et les étoiles au-dessus des nuages. C'était comme un escalier où ma pensée montait de marche en marche et s'agrandissait à chaque degré. Vous avez remarqué comme moi que, le soir, les nuées refroidies s'allongent, s'aplatissent et prennent des formes de crocodiles. Un de ces grands crocodiles noirs nageait lentement dans l'air, vers l'ouest; sa queue obstruait un porche lumineux bâti par les nuages au couchant; une pluie tombait de son ventre sur Genève, ensevelie dans les brumes; deux ou trois étoiles éblouissantes sortaient de sa gueule comme des étincelles. Au-dessous de lui, le lac, sombre et métallique, se répandait dans les terres comme une flaque de plomb fondu. Quelques fumées rampaient sur les toits de la ville. Au midi, l'horizon était horrible. On n'entrevoyait que les larges bases des montagnes enfouies sous une monstrueuse excroissance de vapeurs. Il y aura une tempête cette nuit.

Je rentre et je vous écris. J'aimerais bien mieux vous serrer la main et vous parler. Je tâche que ma lettre soit une sorte de fenêtre par laquelle vous puissiez voir ce que je vois.

Adieu, Louis, à bientôt. Vous savez comme je suis à vous ; soyez à moi de votre côté.

Vous faites de belles choses, j'en suis sûr ; moi j'en pense de bonnes, et elles sont pour vous ; car vous êtes au premier rang de ceux que j'aime. Vous le savez bien, n'est-ce pas ?

Je serai à Paris dans dix jours.

CONCLUSION

I

Voici de quelle façon était constituée l'Europe dans la première moitié du dix-septième siècle, il y a un peu plus de deux cents ans.

Six puissances de premier ordre : le Saint-Siége, le Saint-Empire, la France, la Grande-Bretagne; nous dirons tout à l'heure quelles étaient les deux autres.

Huit puissances de second ordre : Venise, les cantons suisses, les Provinces-Unies, le Danemark, la Suède, la Hongrie, la Pologne, la Moscovie.

Cinq puissances de troisième ordre : la Lorraine, la Savoie, la Toscane, Gênes, Malte.

Enfin six Etats de quatrième ordre : Urbin, Mantoue, Modène, Lucques, Raguse, Genève.

En décomposant ce groupe de vingt-cinq Etats et en le reconstituant selon la forme politique de chacun, on trouvait : cinq monarchies électives, le Saint-Siége, le Saint-Empire, les royaumes de Danemark, de Hongrie et de Pologne; douze monarchies héréditaires, l'empire turc, les royaumes de France, de Grande-Bretagne, d'Espagne et de Suède, les grands-duchés de Moscovie et de Toscane, les duchés de Lorraine, de Savoie, d'Urbin, de Mantoue et de Modène; sept républiques, les Provinces-Unies, les treize cantons, Venise, Gênes, Lucques, Raguse et Genève; enfin Malte, qui était une sorte de république à la fois ecclésiastique et militaire, ayant un chevalier pour évêque et pour prince, un couvent pour caserne, la mer pour champ, une île pour abri, une galère pour arme, la chrétienté pour patrie, le christianisme pour client, la guerre pour moyen, la civilisation pour but.

Dans cette énumération des républiques, nous omettons les infiniment petits du monde politique, nous ne citons ni Andorre ni San-Marino. L'histoire n'est pas un microscope.

Comme on vient de le voir, les deux grands trônes électifs s'appelaient *saints* : le Saint-Siège, le Saint-Empire.

La première des républiques, Venise, était un État de second ordre. Dans Venise le doge était considéré comme personne privée et n'avait rang que de simple duc souverain; hors de Venise le doge était considéré comme personne publique, il représentait la république même et prenait place parmi les têtes couronnées. Il est remarquable qu'il n'y avait pas de république parmi les puissances de premier ordre, mais qu'il y avait deux monarchies électives, Rome et l'Empire; il est remarquable qu'il n'y avait point de monarchies électives parmi les États de troisième et de quatrième rang, mais qu'il y avait cinq républiques : Malte, Gênes, Lucques, Raguse, Genève.

Les cinq monarques électifs étaient tous limités, le pape par le sacré collége et les conciles, l'empereur par les électeurs et les diètes, le roi de Danemark par les cinq ordres du royaume, le roi de Hongrie par le palatin qui jugeait le roi lorsque le peuple l'accusait, le roi de Pologne par les palatins, les grands châtelains et les nonces terrestres. En effet, qui dit élection dit condition.

Les douze monarchies héréditaires, les petites comme

les grandes, étaient absolues, à l'exception du roi de la
Grande-Bretagne, limité par les deux chambres du parlement, et du roi de Suède, dont le trône avait été électif
jusqu'à Gustave Wasa, et qui était limité par ses douze
conseillers, par les vicomtes des territoires et par la bourgeoisie presque souveraine de Stockholm. A ces deux
princes on pourrait jusqu'à un certain point ajouter le roi
de France, qui avait à compter, fort rarement, il est vrai,
avec les Etats généraux, et un peu plus souvent avec les
huit grands parlements du royaume. Les deux petits parlements de Metz et de basse-Navarre ne se permettaient
guère les remontrances; d'ailleurs le roi n'eût point fait
état de ces jappements.

Des huit républiques, quatre étaient aristocratiques :
Venise, Gênes, Raguse et Malte; trois étaient bourgeoises :
les Provinces-Unies, Genève et Lucques; une seule était
populaire, la Suisse. Encore y estimait-on fort la noblesse,
et y avait-il certaines villes où nul ne pouvait être magistrat s'il ne prouvait quatre quartiers.

Malte était gouvernée par un grand maître nommé à
vie, assisté des huit baillis conventuels qui avaient la
grand'croix et soixante écus de gages, et conseillé par les
grands prieurs des vingt provinces. Venise avait un doge
nommé à vie; toute la république surveillait le doge, le
grand conseil surveillait la république, le sénat surveillait
le grand conseil, le conseil des Dix surveillait le sénat,
les trois inquisiteurs d'Etat surveillaient le conseil des
Dix, la bouche de bronze dénonçait au besoin les inquisiteurs d'Etat. Tout magistrat vénitien avait la pâleur li-
vide d'un espion espionné. Le doge de Gênes durait deux
ans; il avait à compter avec les vingt-huit familles ayant
six maisons, avec le conseil des Quatre-Cents, le conseil
des Cent, les huit gouverneurs, le podesta étranger, les
syndics souverains, les consuls, la rote, l'office de Saint-

Georges et l'office des quarante-quatre (1). Les deux ans
finis, on le venait chercher au palais ducal et on le recon-
duisait chez lui en disant : *Vostra Serenità ha finito suo
tempo, Vostra Eccellenzà senè vada à casa.* Raguse, microcosme vénitien, espèce d'excroissance maladive de la
vieille Albanie poussée sur un rocher de l'Adriatique,
aussi bien nid de pirates que cité de gentilshommes, avait
pour prince un recteur nommé à la fois de trois façons,
par le scrutin, par l'acclamation et par le sort. Ce doge
nain régnait un mois, avait pour tuteurs et surveillants
durant son autorité de trente jours le grand conseil, composé de tous les nobles, les soixante pregadi, les onze du
petit conseil, les cinq pourvoyeurs, les six consuls, les
cinq juges, les trois officiers de la laine, le collége des
Trente, les deux camerlingues, les trois trésoriers, les six
capitaines de nuit, les trois chanceliers et les comtes du
dehors; et, son règne fini, il recevait pour sa peine cinq
ducats. Les sept Provinces-Unies s'administraient par un
stathouder qui s'appelait Orange ou Nassau, quelquefois
par deux, et par leurs états généraux où siégeaient les
nobles, les bonnes villes, les paysans des Ommelandes, et
d'où la Hollande et la Frise excluaient le clergé; Utrecht
l'admettait. Lucques, que gouvernaient les dix-huit citoyens du conseil du colloque, les cent soixante du grand
conseil, et le commandeur de la seigneurie assisté des trois
tierciers de Saint-Sauveur, de Saint-Paulin et de Saint-
Martin, avait pour chef culminant un gonfalonier élu par
les assorteurs. Les vingt-cinq mille habitants formaient
une sorte de garde nationale qui défendait et pacifiait la
ville; cent soldats étrangers gardaient la seigneurie. Vingt-

---

(1) Prononcer l'*office des quatre quatre*. Ce conseil était ainsi
nommé pour avoir été institué en 1444. Il était composé de huit
hommes.

cinq sénateurs, c'était tout le gouvernement de Genève. La diète générale assemblée à Berne, c'était l'autorité suprême où ressortissaient les treize cantons, régis chacun séparément par leur landamman ou leur avoyer.

Ces républiques, on le voit, étaient diverses. Le peuple n'existait pas à Malte, ne comptait pas à Venise, se faisait jour à Gênes, parlait en Hollande et régnait en Suisse. Ces deux dernières républiques, la Suisse et la Hollande, étaient des fédérations.

Ainsi, dès le commencement du dix-septième siècle, dans les vingt-cinq États du groupe européen, la puissance sociale descendait déjà de nuance en nuance du sommet des nations à leur base, et avait pris et pratiqué toutes les formes que la théorie peut lui donner. Pleinement monarchique dans dix États, elle était monarchique, mais limitée, dans sept, aristocratique dans quatre, bourgeoise dans trois, pleinement populaire dans un.

Dans ce groupe construit par la Providence, la trahison des États monarchiques aux États populaires était visible. C'était la Pologne, sorte d'État mi-parti, qui tenait à la fois aux royaumes par la couronne de son chef et aux républiques par les prérogatives de ses citoyens.

Il est remarquable que dans cet arrangement de tout un monde, par je ne sais quelle loi d'équilibre mystérieux, les monarchies puissantes protégeaient les républiques faibles, et conservaient, pour ainsi dire, curieusement ces échantillons de la bourgeoisie d'alors, ébauches de la démocratie future, larves informes de la liberté. Partout la Providence a soin des germes. Le grand-duc de Toscane, voisin de Gênes, eût bien voulu lui prendre le Corse; et comme Lucques était chez lui, il avait cetta chétive république sous la main; mais le roi d'Espagne lui défendait de toucher à Gênes, et l'empereur d'Allemagne lui défendait de toucher à Lucques. Raguse était située entre deux formidables voisins, Venise à l'occident, Constantinople à l'orient. Les Ragusains, inquiets à droite et à gauche, eurent l'idée d'offrir au Grand Seigneur quatorze mille sequins par an ; le Grand Seigneur accepta, et à dater de ce jour il protégea les franchises des Ragusains. Une ville achetant de la liberté au sultan, c'est déjà un fait étrange ; les résultats en étaient plus étranges encore. De temps en temps Venise rugissait vers Raguse, le sultan mettait le holà ; la grosse république voulait dévorer la petite, un despote l'en empêchait.

Spectacle singulier ! un louveteau menacé par une louve et défendu par un tigre.

Le Saint-Empire, cœur de l'Europe, se composait comme l'Europe, qui semblait se refléter en lui. A l'époque où nous nous sommes placés, quatre-vingt-dix-huit Etats entraient dans cette vaste agglomération qu'on appelait l'empire d'Allemagne, et s'étageaient sous les pieds de l'empereur ; et dans ces quatre-vingt-dix-huit Etats étaient représentés, sans exception, tous les modes d'établissements politiques qui se reproduisaient en Europe sur une plus grande échelle. Il y avait les souverainetés héréditaires, au sommet desquelles se posaient un archiduché, l'Autriche, et un royaume, la Bohême ; les souverainetés électives et viagères, parmi lesquelles les trois électorats ecclésiastiques du Rhin occupaient le premier rang ; enfin il y avait les soixante-dix villes libres, c'est-à-dire les républiques.

L'empereur alors, comme empereur, n'avait que sept millions de rente. Il est vrai que l'extraordinaire était considérable, et que, comme archiduc d'Autriche et roi de Bohême, il était plus riche. Il tirait cinq millions de rente rien que de l'Alsace, de la Souabe et des Grisons, où la maison d'Autriche avait sous sa juridiction quatorze communautés. Pourtant, quoique le chef du corps germanique eût en apparence peu de revenu, l'empire d'Allemagne au dix-septième siècle était immense. Il atteignait la Baltique au nord, l'Océan au couchant, l'Adriatique au midi. Il touchait l'empire ottoman de Knin à Szolnock, la Hongrie à Boszormeny, la Pologne de Munkacz à Lauenbourg, le Danemark à Rendburg, la Hollande à Groningue, les Flandres à Aix-la-Chapelle, la Suisse à Constance, la Lombardie et Venise à Roveredo, et il entamait par l'Alsace la France d'aujourd'hui.

L'Italie n'était pas moins bien construite que le Saint-Empire. Quand on examine, siècle par siècle, ces grandes formations historiques de peuples et d'Etats, on y découvre à chaque instant mille soudures délicates, mille ciselures ingénieuses faites par la main d'en haut, si bien qu'on finit par admirer un continent comme une pièce d'orfévrerie.

Moins grande et moins puissante que l'Allemagne, l'Italie, grâce à son soleil, était plus alerte, plus remuante, et en apparence plus vivace. Le réseau des intérêts y était croisé de façon à ne jamais se rompre et à ne jamais se débrouiller. De là un balancement perpétuel et admirable, une continuelle intrigue de tous contre chacun et de chacun contre tous ; mouvement d'hommes et d'idées qui circulait comme la vie même dans toutes les veines de l'Italie.

Le duc de Savoie, situé dans la montagne, était fort. C'était un très-grand seigneur ; il était marquis de Suze, de Clèves et de Saluces, comte de Nice et de Maurienne, et il avait un million d'or de revenu. Il était l'allié des Suisses, qui désiraient un voisinage tranquille ; et il était l'allié de la France, qui avait besoin de ce duc pour faire frontière aux princes d'Italie, et qui avait payé son amitié au prix du marquisat de Saluces ; il était l'allié de la maison d'Autriche, à laquelle il pouvait donner ou refuser le passage dans le cas où elle aurait voulu faire marcher ses troupes du Milanez vers les Pays-Bas, *qui ne sont du tout paisibles et branlent toujours au manche*, comme disait Mazarin; enfin, il était l'allié des princes d'Allemagne, à cause de la maison de Saxe dont il descendait. Ainsi crénelé dans cette quadruple alliance, il semblait inexpugnable; mais comme il avait trois prétentions, l'une sur Genève contre la république, l'autre sur Montferrat contre le duc de Mantoue, la troisième sur l'Achaïe contre la Sublime Porte, c'était par là que la politique le saisissait de temps en temps pour le secouer ou le retourner. Le grand-duc de Toscane avait un pays qu'on appelait l'*Etat de fer*, une frontière de forteresses et une frontière de montagnes, quinze cent mille écus de revenu, dix millions d'or dans son trésor et deux millions de joyaux, cinq cents chevaux de cavalerie, trente-huit mille gens de pied, douze galéres, cinq galéasses et deux galions, son arsenal à Pise, son port militaire à l'île d'Elbe, son four à biscuit à Livourne. Il était allié de la maison d'Autriche par mariage, et du duc de Mantoue par parenté; mais la Corse le brouillait avec Gênes, la question des limites avec le duc d'Urbin, moindre que lui, la jalousie avec le duc de Savoie, plus grand que lui. Le défaut de ses montagnes, c'était d'être ouvertes du côté du pape; le défaut de ses forteresses, c'était d'être des forteresses de guerre civile, plutôt faites contre le peuple que contre l'étranger; le défaut de son autorité, c'était d'être assise sur trois anciennes républiques, Florence, Sienne et Pise, fondues et réduites en une monarchie. Le duc de Mantoue était Gonzague; outre Mantoue, très-forte cité bâtie avant Troie, et où l'on ne peut entrer que par des ponts, il avait soixante-cinq villes, cinq cent mille écus de revenu, et la meilleure cavalerie de l'Italie; mais, comme marquis de Montferrat, il sentait le poids du duc de Savoie. Le duc de Modène était Est: il avait Modène et Reggio; mais, comme duc prétendant de Ferrare, il sentait le poids du pape. Le duc d'Urbin était Montefeltro; il s'étendait sur soixante milles de longueur et sur trente-cinq de largeur, avait un peu d'Ombrie et un peu de Marche, sept villes, trois cents châteaux et douze cents soldats aguerris; mais, comme voisin d'Ancône, il sentait le poids du pape et lui payait chaque année deux mille deux cent quarante écus. Au centre même de l'Italie, dans un Etat de forme bizarre qui coupait la presqu'île en deux comme une écharpe, résidait le pape, dont nous esquisserons peut-être plus loin en détail la puissance comme prince temporel. Le pape tenait dans sa main droite les clefs du paradis, ce qui ne l'empêchait pas d'avoir sous sa main gauche la clef de l'Italie inférieure, Gaëte. Indépendamment de l'Etat de l'Eglise, il était souverain et seigneur direct des royaumes de Naples et de Sicile, des duchés d'Urbin et de Parme, et, jusqu'à Henri VIII, il avait reçu l'hommage des rois bretons pour l'Angleterre et l'Irlande. Il était d'autant plus maître en Italie, que Naples et Milan étaient à un roi absent. Sa grandeur morale était immense. Respecté de près, vénéré de loin, conférant sans s'amoindrir des dignités égales aux royautés, couronnant ses cardinaux de cet hexamètre hautain : *Principibus præstant et regibus æquiparantur*, pouvant donner sans perte, récompenser sans dépense et châtier sans guerre, il gouvernait toutes les princesses de la chrétienté avec la rose d'or, qui lui revenait à deux cent trente écus, et tous les princes avec l'épée d'or, qui lui revenait à deux cent quarante; et, pour faire humblement agenouiller les empereurs d'Allemagne, lesquels pouvaient mettre sur pied deux cent mille hommes, ce qui représente aujourd'hui un million de soldats, il suffisait qu'il leur montrât les bonnets et les panaches de sa garde suisse, qui lui coûtait deux cents écus par an.

Au nord de l'Europe végétaient dans la pénombre polaire deux monarchies trop lointaines en apparence pour agiter le centre. Pourtant, au seizième siècle, à la demande de Henri II, Christiern II, roi de Danemark, avait pu envoyer en Ecosse dix mille soldats sur cent navires. La Suède avait trente-deux enseignes de sept cents hommes de pied chacune, treize compagnies ordinaires de cavalerie, cinquante voiles en temps de paix, soixante-dix en temps de guerre, et versait par an sept tonnes d'or, environ cent mille thalers, au trésor royal. La Suède parut peu brillante jusqu'au jour où Charles XII résuma toute sa lumière en un éclair éblouissant.

A cette époque, la France militaire parlait haut en Europe; mais la France littéraire bégayait encore. L'Angleterre, pour les nations du continent, n'était qu'une île considérable occupée d'un commencement obscur de troubles intérieurs. La Suisse, c'est là sa tâche aux yeux de l'historien, vendait des armées à qui en voulait. Celui qui écrit ces lignes visitait il y a quelques années l'arsenal de Lucerne. Tout en admirant les vitraux du seizième siècle que le sénat lucernois a failli, dit-on, laisser emporter par un financier étranger moyennant mille francs par croisée, il arriva dans une salle où son guide lui montra deux choses : une grossière veste de montagnard auprès d'une pique, et une magnifique souquenille rouge galonnée d'or auprès d'une hallebarde. La grosse veste, c'était l'habit des paysans de Sempach; la souquenille galonnée, c'était l'uniforme de la garde suisse de l'empereur d'Allemagne. Le visiteur s'arrêta devant cette triste et saisissante antithèse. Ce haillon populaire, cette défroque impériale, ce sayon de pâtre, cette livrée de laquais, c'était toute la gloire et toute la honte d'un peuple pendues à deux clous.

Des voyageurs étrangers qui parcouraient aussi l'arsenal de Lucerne s'écrièrent en passant près de l'auteur de

ce livre : *Que fait cette hallebarde à côté de cette pique ?*
Il ne put s'empêcher de leur répondre : *Elle fait l'histoire
de la Suisse* (1).

L'esquisse qu'on peut faire en son esprit de l'Europe à
cette époque ne serait pas complète si l'on ne se figurait
au Nord, dans le crépuscule d'un hiver éternel, une
étrange figure assise, un peu en deçà du Don, sur la frontière de l'Asie. Ce fantôme, qui occupait les imaginations

---

(1) Les blâmes généraux de l'histoire admettent toujours les
restrictions individuelles. Il faut circonscrire la sévérité pour
rester dans le juste et dans le vrai. Sans contredit, et nonobstant
tous les motifs d'économie politique pris dans un excédant de
population qui se fût plus honorablement écoulé en émigrations
ou en colonies, sans contredit, ces ventes d'armées faites par un
peuple libre à tous les despotismes qui avaient besoin de soldats
sont une chose immorale et honteuse. C'était, redisons-le, trans-
former des citoyens en condottieri, un homme libre en lansknecht,
l'uniforme en livrée. Il est malheureusement vrai de dire qu'au
dix-septième et même au dix-huitième siècle l'habit militaire des
Suisses capitulés avait cet aspect. Il est triste également que le mot
Suisse, qui éveille dans l'esprit une idée d'indépendance, puisse
y éveiller aussi une idée de domesticité. Nous avons encore le
suisse des hôtels, le *suisse* des cathédrales. *Il m'avait fait venir
d'Amiens pour être* suisse. Mais il serait inique d'étendre la réprobation que soulève un fait de nation, considéré dans son ensemble, à tous les individus, souvent honorables et purs, qui
ont participé à ce fait ou l'ont subi. Hâtons-nous de le proclamer,
sous cette livrée il y a eu des héros. Les Suisses, même capitulés,
ont été souvent sublimes. Après avoir vendu leur service, qui pouvait s'acheter, ils ont donné leur dévouement, qui ne pouvait se
payer. Abstraction faite de l'origine fâcheuse des concordats militaires, à un certain point de vue historique que l'auteur de ce
livre est loin de répudier, les Suisses, par exemple, ont été admirables aux Tuileries. Il est beau peut-être que la nation qui,
la première en Europe, a donné son sang pour la liberté nais-
sante, l'ait donné la dernière pour la royauté mourante; et sous
ce rapport le 10 août 1792 n'est pas indigne du 17 novem-
bre 1307.

au dix-septième siècle, comme un génie, moitié dieu, moitié prince, des *Mille et une Nuits*, s'appelait le grand knez de Moscovie.

Ce personnage, plutôt asiatique qu'européen, plutôt fabuleux que réel, régnait sur un vaste pays périodiquement dépeuplé par les courses des Tartares. Le roi de Pologne avait la Russie noire, c'est-à-dire la terre ; lui, il avait la Russie blanche, c'est-à-dire la neige. On faisait cent récits et cent contes de lui dans les salons de Paris, et, tout en s'extasiant sur les sixains de Benserade à Julie d'Angennes, on se demandait, pour varier la conversation, s'il était bien prouvé que le grand knez pût mettre en campagne trois cent mille chevaux. La chose paraissait chimérique, et ceux qui la déclaraient impossible rappelaient que le roi de Pologne Etienne était entré victorieusement en Moscovie et avait failli la conquérir avec soixante mille hommes, et qu'en 1560 le roi de Mongul était venu à Moscou avec quatre-vingt mille chevaux et l'avait brûlée. *Le knez est fort riche*, écrivait madame Pilou, *il est seigneur et maître absolu de toutes choses. Ses sujets chassent aux fourrures. Il prend pour lui les meilleures peaux et les plus chères, et se fait sa portion à sa volonté.* Les princes d'Europe, par curiosité plus encore que par politique, envoyaient au knez des ambassades presque ironiques. Le roi de France hésitait à le traiter d'altesse. C'était le temps où l'empereur d'Allemagne ne donnait au roi de Pologne que de la sérénité, et où le marquis de Brandebourg tenait à insigne honneur d'être archichambellan de l'empire. Philippe Pernistern, que l'empereur avait envoyé à Moscou pour savoir ce que c'était, était revenu épouvanté de la couronne du knez, qui surpassait en valeur, disait-il, les quatre couronnes réunies du pape, du roi de France, du roi catholique et de l'empereur. Sa robe était *toute semée de diamants, rubis, émeraudes et autres pierres grosses*

comme des noisettes. Pernistern avait rapporté en présent
à l'empereur d'Allemagne *huit quarantaines de zoboles et
de martres zibelines, dont chacune fut estimée à Vienne
deux cents livres.* Il ajoutait, du reste, que *les Circassiens
des cinq montagnes étaient pour ce prince un grand em-
barras.* Il estimait l'infanterie moscovite à *vingt mille
hommes.* Quoi qu'il en fût de ces narrations orientales,
c'était une distraction pour l'Europe, occupée alors de
tant de grosses guerres, d'écouter de temps en temps le
petit cliquetis d'épées divertissant et lointain que faisait
dans son coin le knez de Moscovie ferraillant avec le pré-
cop, prince des Tartares.

On n'avait sur sa puissance et sa force que des idées très-
incertaines. Quant à lui, plus loin que le roi de Pologne,
plus loin que le roi de Hongrie, majesté à tête rase et à
moustaches longues, plus loin que le grand-duc de Lithuanie, prince déjà fort sauvage à voir, habillé d'une pelisse
et coiffé d'un bonnet de fourrures, on l'apercevait assez
nettement, immobile sur une sorte de chaire-trône, entre
l'image de Jésus et l'image de la Vierge, crossé, mitré,
les mains pleines de bagues, vêtu d'une longue robe blanche comme le pape, et entouré d'hommes couverts d'or de
la tête aux pieds. Quand des ambassadeurs européens
étaient chez lui, il changeait de mitre tous les jours pour
les éblouir.

Au delà de la Moscovie et du grand knez, dans plus d'é-
loignement et dans moins de lumière, on pouvait distinguer un pays immense au centre duquel brillait dans l'ombre le lac de Caniclu, plein de perles, et où fourmillaient,
échangeant entre eux des monnaies d'écorce d'arbres et de
coquilles de mer, des femmes fardées, habillées, comme
la terre non cultivée, de noir en été et de blanc en hiver,
et des hommes vêtus de peaux humaines écorchées sur
leurs ennemis morts. Dans l'épaisseur de ce peuple qui

pratiquait farouchement une religion composée de Mahomet, de Jésus-Christ et de Jupiter, dans la ville monstrueuse
de Cambalusa, habitée par cinq mille astrologues et gardée par une innombrable cavalerie, on entrevoyait, au milieu des foudres et des vents, assis, jambes croisées, sur
un tapis circulaire de feutre noir, le grand khan de Tartarie, qui répétait par intervalles d'un air terrible ces paroles gravées sur son sceau : *Dieu au ciel, le grand khan
sur terre.*

Les oisifs parisiens racontaient du khan, comme du knez,
force choses merveilleuses. L'empire du khan des Tartares avait été fondé, disait-on, par le maréchal Canguiste,
que nous nommons aujourd'hui Gengis-Khan. L'autorité
de ce maréchal était telle, qu'il fut obéi un jour par sept
princes auxquels il avait commandé de tuer leurs enfants.
Ses successeurs n'étaient pas moindres que lui. Le nom
du grand khan régnant était écrit au fronton de tous les
temples en lettres d'or, et le dernier des titres de ce
prince était *âme de Dieu.* Il partageait avec le grand knez
la royauté des hordes. Un jour, apprenant par les astrologues que la ville de Cambalusa devait se révolter, Cublai-
Khan en fit faire une autre à côté, qu'il appela Taïdu.
Voilà ce que c'était que le grand khan.

Au dix-septième siècle, n'oublions pas qu'il n'y a de
cela que deux cents ans, il y avait hors d'Europe, au Nord
et à l'Orient, une série fantastique de princes prodigieux
et incroyables, échelonnés dans l'ombre; mirage étrange,
fascination des poëtes et des aventuriers, qui au treizième
siècle avait fait rêver Dante et partir Marco Polo. Quand
on allait vers ces princes, ils semblaient reculer dans les
ténèbres; mais en cherchant leur empire on trouvait
tantôt un monde, comme Colomb, tantôt une épopée,
comme Camoens. Vers la frontière septentrionale de l'Eu
rope, la première de ces figures extraordinaires, la plu

rapprochée et la mieux éclairée, c'était le grand-duc de Lithuanie; la deuxième, distincte encore, c'était le grand knez de Moscovie; la troisième, déjà confuse, c'était le grand khan de Tartarie; et au delà de ces trois visions, le grand shérif sur son trône d'argent, le grand sophi sur son trône d'or, le grand zamorin sur son trône d'airain, le grand mogol entouré d'éléphants et de canons de bronze, le sceptre étendu sur quarante-sept royaumes; le grand lama, le grand cathay, le grand daïr, de plus en plus vagues, de plus en plus étranges, de plus en plus énormes, allaient se perdant les uns derrière les autres dans les brumes profondes de l'Asie.

————————

II

Sauf quelques détails qui viendront en leur lieu et qui
ne dérangeront en rien cet ensemble, telle était l'Europe
au moment que nous avons indiqué. Comme on l'a pu re-
connaître, le doigt divin, qui conduit les générations de
progrès en progrès, était dès lors partout visible dans la
disposition intérieure et extérieure des éléments qui la
constituaient, et cette ruche de royaumes et de nations
était admirablement construite pour que déjà les idées y
pussent aller et venir à leur aise et faire dans l'ombre la
civilisation.

A ne prendre que l'ensemble, et en admettant les restrictions qui sont dans toutes les mémoires, ce travail, qui
est la véritable affaire du genre humain, se faisait au commencement du dix-septième siècle en Europe mieux que
partout ailleurs. En ce temps où vivaient, respirant le
même air, et par conséquent, fût-ce à leur insu, la même
pensée, se fécondant par l'observation des mêmes événements, Galilée, Grotius, Descartes, Gassendi, Harvey, Lope
de Vega, Guide, Poussin, Ribera, Van Dyck, Rubens, Guillaume d'Orange, Gustave-Adolphe, Walstein, le jeune Richelieu, le jeune Rembrandt, le jeune Salvator Rosa, le

jeune Milton, le jeune Corneille et le vieux Shakspeare, chaque roi, chaque peuple, chaque homme, par la seule pente des choses, convergeaient au même but, qui est encore aujourd'hui la fin où tendent les générations, l'amélioration générale de tout par tous, c'est-à-dire la civilisation même. L'Europe, insistons sur ce point, était ce qu'elle est encore, un grand atelier où s'élaborait en commun cette grande œuvre.

Deux seuls intérêts, séparés dans un but égoïste de l'activité universelle, épiant sans cesse pour choisir leur moment le vaste atelier européen, l'un procédant par invasion, l'autre par empiétement ; l'un bruyant et terrible dans son allure, brisant de temps à autre les barrières et faisant brèche à la muraille ; l'autre habile, adroit et politique, se glissant par toute porte entr'ouverte, tous deux gagnant continuellement du terrain, troublaient, pressaient entre eux et menaçaient alors l'Europe. Ces deux intérêts, ennemis d'ailleurs, se personnifiaient en deux empires, et ces deux empires étaient deux colosses.

Le premier de ces deux colosses, qui avait pris position sur un côté du continent au fond de la Méditerranée, représentait l'esprit de guerre, de violence et de conquête : la barbarie. Le second, situé de l'autre côté, au seuil de la même mer, représentait l'esprit de commerce, de ruse et d'envahissement : la corruption. Certes, voilà bien les deux ennemis naturels de la civilisation.

Le premier de ces deux colosses s'appuyait puissamment à l'Afrique et à l'Asie. En Afrique il avait Alger, Tunis, Tripoli de Barbarie et l'Egypte entière d'Alexandrie à Syène, c'est-à-dire toute la côte depuis le Peñon de Velez jusqu'à l'isthme de Suez ; de là il s'enfonçait dans l'Arabie Troglodyte, depuis Suez sur la mer Rouge jusqu'à Suakem.

Il possédait trois des cinq tables en lesquelles Ptolémée a divisé l'Asie, la première, la quatrième et la cinquième.

Posséder la première table, c'était avoir le Pont, la Bithynie, la Phrygie, la Lycie, la Paphlagonie, la Galatie, la Pamphylie, la Cappadoce, l'Arménie Mineure, la Caramanie, c'est-à-dire tout le Trapezus de Ptolémée depuis Alexandrette jusqu'à Trébisonde.

Posséder la quatrième table, c'était avoir Chypre, la Syrie, la Palestine, tout le rivage depuis Firamide jusqu'à Alexandrie, l'Arabie Déserte et l'Arabie Pétrée, la Mésopotamie et Babylone, qu'on appelait Bagadet.

Posséder la cinquième table, c'était avoir tout ce qui est compris entre deux lignes, dont l'une monte de Trébisonde au nord jusqu'à l'Hermanassa de Ptolémée et jusqu'au Bosphore Cimmérien, que les Italiens appelaient Bouche-de-Saint-Jean, et dont l'autre, entamant l'Arabie Heureuse, va de Suez à l'embouchure du Tigre.

Outre ces trois immenses régions, il avait la Grande-Arménie et tout ce que Ptolémée met dans la troisième table d'Asie jusqu'aux confins de la Perse et de la Tartarie.

Ainsi ses domaines d'Asie touchaient au nord l'Archipel, la mer de Marmara, la mer Noire, le Palus-Méotide et la Sarmatie asiatique; au levant la mer Caspienne, le Tigre et le golfe Persique, qu'on nommait mer d'Elcalif; au couchant le golfe Arabique, qui est la mer Rouge; au Midi l'Océan des Indes.

En Europe, il avait l'Adriatique à partir de Knin, au-dessus de Raguse, l'Archipel, la Propontide, la mer Noire jusqu'à Caffa, en Crimée, qui est l'ancienne Théodosie; la Haute-Hongrie jusqu'à Bude; la Thrace, aujourd'hui la Roumélie; toute la Grèce, c'est-à-dire la Thessalie, la Macédoine, l'Epire, l'Achaïe et la Morée; presque toute l'Illyrie; la Dalmatie, le Bosnie, la Servie, la Dacie et la Bulgarie; la Moldavie, la Valachie et la Transylvanie, dont les trois vayvodes étaient à lui; tout le cours du Danube depuis Watzen jusqu'à son embouchure.

Il possédait en rivages de mer onze mille deux cent quatre-vingts milles d'Italie, et en surface de terre un million deux cent trois mille deux cent dix-neuf milles carrés.

Qu'on se figure ce géant de neuf cents lieues d'envergure et de onze cents lieues de longueur couché sur le ventre en travers du vieux monde, le talon gauche en Afrique, le genou droit sur l'Asie, un coude sur la Grèce, un coude sur la Thrace, l'ombre de sa tête sur l'Adriatique, l'Autriche, la Hongrie et la Podolie, avançant sa face monstrueuse tantôt sur Venise, tantôt sur la Pologne, tantôt sur l'Allemagne, et regardant l'Europe.

L'autre colosse avait pour chef-lieu, sous le plus beau ciel du monde, une presqu'île baignée au levant par la Méditerranée, au couchant par l'Océan, séparée de l'Afrique par un étroit bras de mer, et de l'Europe par une haute chaîne de montagnes. Cette presqu'île contenait dix-huit royaumes, auxquels il imprimait son unité.

Il tenait Serpa et Tanger, qui sont les verrous du détroit de Gibraltar, et, selon qu'il lui plaisait de l'ouvrir et de le fermer, il faisait de la Méditerranée une mer ou un lac. De sa presqu'île il répandait ses flottes dans cette mer par vingt-huit grands ports métropolitains; il en avait trente-sept sur l'Océan.

Il possédait en Afrique le Peñon de Velez, Melilla, Oran, Marzalcabil, qui est le meilleur havre de la Méditerranée, Nazagan et toute la côte depuis le cap d'Aguirra jusqu'au cap Gardafu; en Amérique, une grande partie de la presqu'île septentrionale, la côte de Floride, la Nouvelle-Espagne, le Yucatan, le Mexique et le cap de Californie, le Chili, le Pérou, le Brésil, le Paraguay, toute la presqu'île méridionale jusqu'aux Patagons; en Asie, Ormuz, Diu, Goa, Malacca, qui sont les quatre plus fortes places de la côte; Daman, Bazin, Zanaa, Ciaul, le port de Colomban; les royaumes de Camanor, de Cochin et de Colan, avec leurs forteresses, et, Calicut excepté, tout le rivage de l'océan des Indes, de Daman à Melipour.

Il avait dans la mer, et dans toutes les mers, les trois îles Baléares, les douze îles Canaries, les Açores, Santo Puerto, Madère, les sept îles du Cap-Vert, Saint-Thomas, l'Ile-Dieu, Mozambique, la grande île de Baaren, l'île de Manar, l'île de Ceylan; quarante des îles Philippines, dont la principale, Luzan, est longue de deux cents lieues; Porto-Rico, Cuba, Saint-Domingue; les quatre cents îles Lucayes et les îles de la mer du Nord, dont on ne savait pas le nombre.

C'était avoir à soi toute la mer, presque toute l'Amérique, et en Afrique et en Asie à peu près tout ce que l'autre colosse ne possédait pas.

En Europe, outre sa vaste presqu'île, centre de sa puissance et de son rayonnement, il avait la Sardaigne et la Sicile, qui sont trop des royaumes pour n'être comptées que comme des îles. Il tenait l'Italie par les deux extrémités, par le royaume de Naples et par le duché de Milan, qui tous deux étaient à lui. Quant à la France, il la saisissait peut-être plus étroitement encore, et les trois États qu'il avait sur ses frontières, traçant une sorte de demi-cercle, le Roussillon, la Franche-Comté et la Flandre, étaient comme son bras passé autour d'elle.

Le premier de ces deux colosses, c'était la Turquie; le second, c'était l'Espagne.

III

Ces deux empires inspiraient à l'Europe, l'un une profonde terreur, l'autre une profonde défiance.

Par la Turquie, c'était l'esprit de l'Asie qui se répandait sur l'Europe; par l'Espagne, c'était l'esprit de l'Afrique.

L'islamisme, sous Mahomet II, avait enjambé formidablement l'antique passage du Bœuf, Bos-Poros, et avait insolemment planté sa queue de cheval attachée à une pique dans la ville qui a sept collines comme Rome, et qui avait eu des églises quand Rome n'avait encore que des temples.

Depuis cette fatale année 1453, la Turquie, comme nous l'avons dit plus haut, avait représenté en Europe la barbarie. En effet, tout ce qu'elle touchait perdait en peu d'années la forme de la civilisation. Avec les Turcs, et en même temps qu'eux, l'incendie inextinguible et la peste perpétuelle s'étaient installés à Constantinople. Sur cette ville qu'avait dominée si longtemps la croix lumineuse de Constantin, il y avait toujours maintenant un tourbillon de flamme ou un drapeau noir.

Un de ces hasards mystérieux où l'esprit croit voir li-

siblement écrits les enseignements directs de la Providence avait donné, comme proie à ce redoutable peuple,
la métropole même de la sociabilité humaine, la patrie de
la pensée, la terre de la poésie, de la philosophie et de
l'art, la Grèce. A l'instant même, au seul contact des
Turcs, la Grèce, fille de l'Egypte et mère de l'Italie, la
Grèce était devenue barbare. Je ne sais quelle lèpre avait
défiguré son peuple, son sol, ses monuments, jusqu'à son
admirable idiome. Une foule de consonnes farouches et de
syllabes hérissées avait crû, comme la végétation d'épines
et de broussailles qui obstrue les ruines, sur ses mots les
plus doux, les plus sonores, les plus harmonieux, les
mieux prononcés par les poëtes. Le grec, en passant par
la bouche des Turcs, en était retombé patois. Les voca-
bles turcs, bourbe de tous les idiomes d'Asie, avaient
troublé à jamais, en s'y précipitant pêle-mêle, cette langue
si transparente, si pure et si splendide, langue de cristal
d'où était sortie une poésie de diamant. Les noms des
villes grecques s'étaient déformés et étaient devenus hideux. Les contrées voisines, sur lesquelles Hellé rayonnait
jadis, avaient subi la même souillure: Argos s'était chan-
gée en Filoquia, Delos en Dili, Didymo-Tychos en Dimotuc,
Tzolorus en Tchourli, Zephirium en Zafra, Sagalessus
en Sadjaklu, Nyssa en Nous-Shehr, Moryssus en Mou-
cious, Cybistra en Bustereh, le fleuve Acheloüs en Aspro-
Potamos, et le fleuve Poretus en Pruth. N'est-ce pas avec
le sentiment douloureux qu'inspirent la dégradation et la
parodie qu'on reconnaît, dans Stan-Ko, Cos, patrie d'A-
pelles et d'Hippocrate; dans Fionda, Phasélis, où Alexandre
fut obligé de mettre un pied dans la mer, tant le passage
Climax était étroit; dans Hesen-now, Novus, où était le
trésor de Mithridate; dans Skipsilar, Scapta-Hyla, où Thu-
cydide avait des mines d'or et écrivait son histoire; dans
Temeswar, Tomi, où fut exilé Ovide; dans Kokso, Cou-

tousos, où fut exilé saint Chrysostome ; dans Giustendil, Justiniana, berceau de Justinien; dans Salenti, Trajanopolis, tombeau de Trajan ! L'Olympe, l'Ossa, le Pelion et le Pinde s'appelaient le beylick de Janina ; un pacha accroupi sur une peau de tigre fronçait le sourcil dans la même montagne que Jupiter. La dérision amère qui semblait sortir des mots sortait aussi des choses : l'Etolie, cette ancienne république si puissante et si fière, formait le Despotat. Quant à la vallée de Tempé, *frigida Tempe*, devenue sauvage et inaccessible sous le nom de Lycostomo, pleine désormais de haine, de ronces et d'obscurité, elle s'était métamorphosée en vallée des loups.

L'idée terrible qu'éveille la barbarie faite nation, ayant des flottes et des armées, s'incarnait vivante et complète dans le sultan des Turcs. C'est à peine si l'Europe osait regarder de loin ce prince effrayant. Les richesses du sultan, du Turc, comme on l'appelait, étaient fabuleuses ; son revenu dépassait quinze millions d'or. La sultane, sœur de Sélim, avait deux mille cinq cents sequins d'or de rente par jour. Le Turc était le plus grand prince en cavalerie. Sans compter sa garde immédiate, les quatorze mille janissaires, qui étaient une infanterie, il entretenait constamment autour de lui, sur le pied de guerre, cinquante mille spahis et cent cinquante mille timariots, ce qui faisait deux cent mille chevaux. Ses galères étaient innombrables. L'année d'après Lépante, la flotte ottomane tenait encore tête à toutes les marines réunies de la chrétienté. Il avait de si grosse artillerie, que, s'il fallait en croire les bruits populaires, le vent de ses canons ébranlait les murailles. On se souvenait avec frayeur qu'au siége de Constantinople Mahomet II avait fait construire, en maçonnerie liée de cercles de fer, un mortier monstrueux qu'on manœuvrait sur rouleaux, que deux mille jougs de bœufs pouvaient à peine traîner et qui, in-

clinant sa gueule sur la ville, y vomissait nuit et jour des
torrents de bitume et des blocs de rochers. Les autres
princes, avec leurs engins et leurs bombardes, semblaient
peu de chose auprès de ces sauvages sultans qui versaient
ainsi des volcans sur les villes. La puissance du Turc
était tellement démesurée, et il savait si bien faire front
de toutes parts, que, tout en guerroyant contre l'Europe,
Soliman avait pris à la Perse le Diarbékir et Amurat la
Médie; Sélim avait conquis sur les mameluks l'Egypte et
la Syrie, et Amurat III avait exterminé les Géorgiens ligués avec le sophi. Le sultan ne mettait en communication avec les rois de la chrétienté que la porte de son palais. Il datait de son étrier impérial les lettres qu'il leur
écrivait, ou plutôt les ordres qu'il leur donnait. Quand il
avait un accès de colère, il faisait casser les dents à leurs
ambassadeurs à coups de poing par le bourreau. Pour les
Turcs mêmes, l'apparition du sultan, c'était l'épouvante.
Les noms qu'ils lui donnaient exprimaient surtout l'ef-
froi; ils l'appelaient le *fils de l'esclave*, et ils nommaient
son palais d'été la *maison du meurtrier*. Ils l'annonçaient
aux autres nations par des glorifications sinistres: *Où son
cheval passe*, disaient-ils, *l'herbe ne croît plus*.

Le roi des Espagnes et des Indes, espèce de sultan catholique, était plus riche à lui seul que tous les princes
de la chrétienté ensemble. A ne compter que son revenu
ordinaire, il tirait chaque année d'Italie et de Sicile quatre
millions d'or, deux millions d'or du Portugal, quatorze
millions d'or de l'Espagne, trente millions d'or de l'Amérique. Les dix-sept provinces de l'Etat des Pays-Bas, qui
comprenait alors l'Artois, le Cambrésis et les Ardennes,
payaient annuellement au roi catholique un ordinaire de
trois millions d'or. Milan était une riche proie, convoitée
de toutes parts, et par conséquent malaisée à garder. Il
fallait surveiller Venise, voisine jalouse; couvrir de trou-

pes la frontière de Savoie pour arrêter le duc, *se ruant à l'impourvu,* comme disait Sully; bien armer le fort de Fuentes, pour tenir en respect les Suisses et les Grisons; entretenir et réparer les bonnes citadelles du pays, surtout Novarre, Pavie, Crémone, *qui a,* comme écrivait Montluc, *une tour forte tout ce qui se peut, qu'on met entre les merveilles de l'Europe.* Comme la ville était remuante, il fallait y nourrir une garnison espagnole de six cents hommes d'armes, de mille chevau-légers et de trois mille fantassins, et bien tenir en état le château de Milan, auquel on travaillait sans cesse. Milan, on le voit, coûtait fort cher; pourtant, tous frais faits, le Milanez rapportait tous les ans à l'Espagne huit cent mille ducats. Les plus petites fractions de cette énorme monarchie donnaient leur denier; les îles Baléares versaient par an cinquante mille écus. Tout ceci, nous le répétons, n'était que le revenu ordinaire. L'extraordinaire était incalculable. Le seul produit de la Cruzade valait le revenu d'un royaume; rien qu'avec les subsides de l'Eglise le roi entretenait continuellement cent bonnes galères. Ajoutez à cela la vente des commanderies, les caducités des états et des biens, les alcavales, les tiers, les confiscations, les dons gratuits des peuples et des feudataires. Tous les trois ans le royaume de Naples donnait douze cent mille écus d'or, et, en 1615, la Castille offrait au roi, qui daignait accepter, quatre millions d'or payables en quatre ans.

Cette richesse se résolvait en puissance. Ce que le sultan était par la cavalerie, le roi d'Espagne l'était par l'infanterie. On disait en Europe : *cavalerie turque, infanterie espagnole.* Etre grave comme un gentilhomme, diligent comme un miquelet, solide aux chocs d'escadrons, imperturbable à la mousquetade, connaître son avantage et son désavantage à la guerre, conduire silencieusement sa furie, suivre le capitaine, rester dans le rang, ne point s'égarer, ne rien oublier, ne pas disputer, se servir de toute chose, endurer le froid, le chaud, la faim, la soif, le malaise, la peine et la fatigue, marcher comme les autres combattent, combattre comme les autres marchent, faire de la patience le fond de tout et du courage la saillie de la patience : voilà quelles étaient les qualités du fantassin espagnol. C'était le fantassin castillan qui avait chassé les Maures, abordé l'Afrique, dompté la côte, soumis l'Ethiopie et la Cafrerie, pris Malacca et les îles Moluques, conquis les vieilles Indes et le nouveau monde. Admirable infanterie qui ne se brisa que le jour où elle se heurta au grand Condé! Après l'infanterie espagnole venait, par ordre d'excellence, l'infanterie wallonne, et l'infanterie wallonne était aussi au roi d'Espagne. Sa cavalerie, qui ne le cédait qu'à la turque, était la mieux montée qui fût en Europe : elle avait les genets d'Espagne, les coursiers de Règne, les chevaux de Bourgogne et de Flandre. Les arsenaux du roi catholique regorgeaient de munitions de guerre. Rien que dans les trois salles d'armes de Lisbonne, il y avait des corselets pour quinze mille hommes de pied, et des cuirasses pour dix mille cavaliers. Ses forteresses étaient sans nombre et partout, et dix d'entre elles, Collioure, Perpignan et Salses au midi, au nord Gravelines, Dunkerque, Hesdin, Arras, Valenciennes, Philippeville et Marienbourg, faisaient brèche à la France d'aujourd'hui.

La plus grande puissance de l'Espagne, si puissante par ses forteresses, sa cavalerie et son infanterie, ce n'était ni son infanterie, ni sa cavalerie, ni ses forteresses; c'était sa flotte. Le roi catholique, qui avait les meilleurs hommes de guerre de l'Europe, avait aussi les meilleurs hommes de mer. Aucun peuple navigateur n'égalait à cette époque les Catalans, les Biscayens, les Portugais et les Génois. Séville, qui comptait alors parmi les principales

villes maritimes de l'Europe, bien que située assez avant
dans les terres, et où abordaient toutes les flottes du
Mexique et du Pérou, était une pépinière de matelots.

Pour nous faire une idée complète du poids qu'avait
l'Espagne autrefois comme puissance maritime, nous avons
voulu savoir au juste ce que c'était que la grande *Armada*
de Philippe II, si fameuse et si peu connue, comme tant
de choses fameuses. L'histoire en parle et s'en extasie;
mais l'histoire, qui hait le détail et qui, selon nous, a
tort de le haïr, ne dit pas les chiffres. Ces chiffres, nous
les avons cherchés dans l'ombre où l'histoire les avait
laissés tomber; nous les avons retrouvés à grand'peine;
les voici. Rien, à notre sens, n'est plus instructif et plus
curieux.

C'était en 1588. Le roi d'Espagne voulut en finir d'une
seule fois avec les Anglais, qui déjà le harcelaient et ta-
quinaient le colosse. Il arma une flotte. Il y avait dans cette
flotte vingt-cinq gros vaisseaux de Séville, vingt-cinq de
Biscaye, cinquante petits vaisseaux de Catalogne et de Valence, cinquante barques de la côte d'Espagne, vingt cha-
loupes des quatre villages de la côte de Guipuscoa, cent
gabares de Portugal, quatorze galères et quatre galéasses
de Naples, douze galères de Sicile, vingt galères d'Espagne, et trente ourques d'Allemagne; en tout trois cent
cinquante voiles manœuvrées par neuf mille marins.

On n'apprécierait pas exactement cette escadre si l'on ne
se rappelait ce que c'était alors qu'une galère. Une galère
représentait une somme considérable. Toute la côte septentrionale d'Afrique, Alger et Tripoli exceptées, ne pro-
duisait pas au sultan de quoi faire et maintenir deux galères.

L'approvisionnement de bouche de l'*Armada* était immense. En voici le chiffre très-singulier et très-exact :
cent soixante-sept mille cinq cents quintaux de biscuit,

fournis par Murcie, Burgos, Campos, la Sicile, Naples et les îles; onze mille quintaux de chair salée, fournis par l'Estramadure, la Galice et les Asturies; onze mille quintaux de lard, fournis par Séville, Ronda et la Biscaye; vingt-trois mille barils de poisson salé, fournis par Cadix et l'Algarve; vingt-huit mille quintaux de fromage, fournis par Mayorque, Senegallo et le Portugal; quatorze mille quintaux de riz, fournis par Gênes et Valence; vingt-trois mille poids d'huile et de vinaigre, fournis par l'Andalousie : le poids valait vingt-cinq livres; vingt-six mille fanègues de fèves, fournies par Carthagène et la Sicile; vingt-six mille poinçons de vin, fournis par Malaga, Maxovella, Ceresa et Séville. Les provisions en blé, fer et toiles, venaient d'Andalousie, de Naples et de Biscaye. Le total s'en est perdu.

Cette flotte portait une armée : vingt-cinq mille Espagnols, cinq mille tirés des régiments d'Italie, six mille des Canaries, des Indes et des garnisons de Portugal, le reste de recrues; douze mille Italiens, commandés par dix mestres de camp; vingt-cinq mille Allemands, douze cents chevau-légers de Castille, deux cents de la côte et deux cents de la frontière, c'est-à-dire seize cents cavaliers, trois mille huit cents canonniers et quatre cents gastadours; ce qui, en y comprenant les neuf mille marins, faisait en tout soixante-seize mille huit cents hommes.

Ce monstrueux armement eût anéanti l'Angleterre. Un coup de vent l'emporta.

Ce coup de vent, qui souffla dans la nuit du 2 septembre 1588, a changé la forme du monde.

Outre ses forces visibles, l'Espagne avait ses forces occultes. Certes, sa surface était grande, mais sa profondeur était immense. Elle avait partout sous terre des galeries, des sapes, des mines et des contre-mines, des fils cachés, des ramifications inconnues, des racines inattendues. Plus tard, quand Richelieu commença à donner des coups de bêche dans le vieux sol européen, il était surpris à chaque instant de sentir rebrousser l'outil et de rencontrer l'Espagne. Ce qu'on voyait d'elle au grand jour allait loin ; ce qu'on ne voyait pas pénétrait plus avant encore. On pourrait dire que dans les affaires de l'univers à cette époque il y avait encore plus d'Espagne en dessous qu'en dessus.

Elle tenait aux princes d'Italie par les mariages : *Austria, nube;* aux républiques marchandes, par le commerce : au pape, par la religion, par je ne sais quoi de plus catholique que Rome même ; au monde entier, par l'or dont elle avait la clef. L'Amérique était le coffrefort, l'Espagne était le caissier. Comme maison d'Autriche, elle dominait pompeusement l'Allemagne et la menait sourdement. L'Allemagne, dans les mille ans de son histoire moderne, a été possédée une fois par le génie de la France, sous Charlemagne, et une fois par le génie de l'Espagne, sous Charles-Quint. Seulement, Charles-Quint mort, l'Espagne n'avait pas lâché l'Allemagne.

Comme on voit, l'Espagne avait quelque chose de plus puissant encore que sa puissance, c'était sa politique. La puissance est le bras, la politique est la main.

L'Europe, on le conçoit, était mal à l'aise entre ces deux empires gigantesques, qui pesaient sur elle du poids de deux mondes. Comprimée par l'Espagne à l'occident et par la Turquie à l'orient, chaque jour elle semblait se rétrécir ; et la frontière européenne, lentement repoussée, reculait vers le centre. La moitié de la Pologne et la moitié de la Hongrie étaient déjà envahies, et c'est à peine si Varsovie et Bude étaient en deçà de la barbarie. L'ordre méditerranéen de Saint-Jean de Jérusalem avait été refoulé sous Charles-Quint de Rhodes à Malte. Gênes, dont la domination atteignait jadis le Tanaïs ; Gênes, qui autrefois possédait Chypre, Lesbos, Chio, Péra et un morceau de la Thrace, et à laquelle l'empereur d'Orient avait donné Mitylène, avait successivement lâché pied devant les Turcs de position en position, et se voyait maintenant acculée à la Corse.

L'Europe résistait pourtant aux deux États envahisseurs. Elle bandait contre eux toutes ses forces, pour employer l'énergique langue de Sully et de Matthieu. La France, l'Angleterre et la Hollande se roidissaient contre l'Espagne ; le Saint-Empire, aidé par la Pologne, la Hongrie, Venise, Rome et Malte, luttait contre les Turcs.

Le roi de Pologne était pauvre, quoiqu'il fût plus riche que s'il eût été roi d'un des trois royaumes d'Écosse, de Sardaigne ou de Navarre, lesquels ne rapportaient pas cent mille écus de rente ; il avait six cent mille écus par an, et la Lithuanie le défrayait. Excepté quelques régiments suisses ou allemands, il n'entretenait pas d'infanterie ; mais sa cavalerie, composée de cent mille combattants polonais et de soixante-dix mille Lithuaniens, était excellente. Cette cavalerie, protégeant une vaste frontière, avait cela d'efficace pour défendre contre les hordes du sultan l'immense et tremblant troupeau des nations civilisées, qu'elle était organisée à la turque, et que, sauvage, farouche et violente dans son allure, elle ressemblait à la cavalerie ottomane comme le chien-loup ressemble au loup. L'empereur couvrait le reste de la frontière de terre de Knin, sur l'Adriatique, à Szolnock, près du Danube, avec vingt mille lansquenets, dépense insuffisante en temps de guerre, qui fatiguait l'empire en temps de paix. Venise et Malte couvraient la mer.

Nous ne mentionnons plus Gênes qu'en passant. Gênes, trop de fois humiliée, surveillait sa rivière avec quatre galères, en laissait pourrir vingt-cinq dans son arsenal, se risquait peu au dehors et s'abritait sous le roi d'Espagne.

Malte avait trois cuirasses : ses forteresses, ses navires et la valeur de ses chevaliers. Ces braves gentilshommes, soumis dans Malte à des régles somptuaires tellement sé- véres que le plus qualifié d'entre eux ne pouvait se faire faire un habit neuf sans la permission du bailli drapier, se vengeaient de ces contraintes claustrales par un déchaîne- ment de bravoure inouï, et, brebis dans l'île, devenaient lions sur mer. Une galère de Malte, qui ne portait jamais plus de seize canons et de cinq cents combattants, atta- quait sans hésiter trois galions turcs.

Venise, opulente et hardie, appuyée sur sept villes for- tes qui étaient à elle en Lombardie et dans la Marche, maîtresse du Frioul et de l'Istrie, maîtresse de l'Adriati- que, dont la garde lui coûtait cinq mille ducats par an, bloquant les uscoques avec cinq fustes toujours armées, fièrement installée à Corfou, à Zante, à Céphalonie, dans toutes les îles de la côte depuis Zara jusqu'à Cérigo, en- tretenant perpétuellement sur le pied de guerre vingt- cinq mille cernides, trente-cinq mille lansquenets, suisses et grisons, quinze cents lances, mille chevau-légers lom- bards et trois mille stradiots dalmates, Venise faisait ré- solùment obstacle au sultan. Même lorsqu'elle eut perdu Andro et Paros qu'elle avait dans l'Archipel, elle garda Candie; et là, debout sur ce magnifique barrage naturel qui clôt la mer Egée, fermant aux Turcs la sortie de l'Ar- chipel et l'entrée de la Méditerranée, elle tint en échec la barbarie.

Le service de mer à Venise impliquait noblesse. Tous les capitaines et les surcomites des navires étaient nobles vénitiens. La république avait toujours en mer quarante galères, dont vingt grosses. Elle avait dans son admirable arsenal, unique au monde, deux cents galères, des ou- vriers capables de mettre hors du port trente vaisseaux en dix jours, et un armement suffisant pour toutes les marines de la terre.

Le saint-siége était d'un grand secours. Rien n'est plus curieux que de rechercher aujourd'hui quel prince temporel, quelle puissance politique et militaire il y avait alors dans le pape, si haut situé comme prince spirituel. Rome, qui avait eu jadis cinquante milles d'enceinte, n'en avait plus que seize; ses portes, divisées autrefois en quatorze régions, étaient réduites à treize; elle avait subi sept grands pillages historiques; mais, quoique violée, elle était restée sainte; quoique démantelée, elle était restée forte. *Rome*, s'il nous est permis de rappeler ce que nous avons dit ailleurs, *sera toujours Rome*. Le pape tenait une des marches d'Italie, Ancône, et l'un des quatre duchés lombards, Spolette; il avait Ancône, Comachio et les bouches du Pô sur le golfe de Venise, Civita-Vecchia sur la mer Tyrrhène. L'Etat de l'Eglise comprenait la Campagne de Rome et le Patrimoine de saint Pierre, la Sabine, l'Ombrie, c'est-à-dire toute l'ombre de l'Apennin, la marche d'Ancône, la Romagne, le duché de Ferrare, le pays de Pérouse, le Bolonais et un peu de Toscane; une ville du premier ordre, Rome; une du second, Bologne; huit du troisième, Ferrare, Pérouse, Ascoli, Ancône, Forli, Ravenne, Fermo et Viterbe; quarante-cinq places de tout rang, parmi lesquelles Rimini, Cesena, Faënza et Spolette; cinquante évêchés et un million et demi d'habitants. En outre, le saint-père possédait en France le comtat Venaissin, qui avait pour cœur le redoutable palais-forteresse d'Avignon. L'Etat romain, vu sur une carte, présentait la forme, qu'il a encore, d'une figure assise dans la grave posture des dieux d'Egypte, avec l'Abruzze pour chaise, Modène et la Lombardie sur sa tête, la Toscane sur sa poitrine, la terre de Labour sous ses pieds, adossée à l'Adriatique et ayant la Méditerranée jusqu'aux genoux.

Le souverain pontife était riche. Il semait des indulgences et moissonnait des ducats. Il lui suffisait de donner une signature pour faire contribuer le monde. *Tant que j'aurai une plume*, disait Sixte-Quint, *j'aurai de l'argent*. Propos de pape ou de grand écrivain. En effet Sixte-Quint, qui était un pape lettré, artiste et intelligent, n'hésitant devant aucune dépense royale, mit en cinq ans quatre millions d'or en réserve au château Saint-Ange. Avec les contributions de tous les fidèles de l'univers, le saint-père se donnait une bonne armée, vingt-cinq mille hommes dans la Marche et la Romagne, vingt-cinq mille hommes dans la Campagne et le Patrimoine; la moitié aux frontières, la moitié sous Rome. Au besoin il grossissait cet armement. Grégoire VII et Alexandre III tinrent tête à des princes qui disposaient des forces de l'empire, à son apogée dans leur temps, jointes aux troupes des Deux-Siciles. Un jour le duc de Ferrare se permit d'aller faire du sel à Comachio. *Le saint-père*, nous citons ici deux lignes d'une lettre de Mazarin, *avec ses raisons et une armée qu'il leva, amena le duc au repentir*, et lui prit son Etat. Voilà ce que c'était que les soldats du pape. Cette milice faisait admirablement respecter l'Etat romain. Ajoutez à cela l'Ombrie, grande forteresse naturelle où Annibal s'est rebroussé, et pour côtes, au nord comme au midi, les rivages les plus battus des vents de toute l'Italie. Aucune descente possible. Le pape, sur les deux mers, était gardé et défendu par la tempête.

Posé et assuré de cette façon, il coopérait au grand et perpétuel combat contre le Turc. Aujourd'hui le saint-père envoie des camées au pacha d'Egypte et se promène sur le bateau à vapeur *Mahmoudièh*. — Fait inouï et qui montre brusquement, quand on y réfléchit, le prodigieux changement des choses : le pape assis paisiblement dans cette invention des huguenots baptisée d'un nom turc ! —

Dans ce temps-là il remplissait vaillamment son office de pape et envoyait ses galères mitrées d'une tiare à Lépante. Dès que les croissants et les turbans surgissaient, il n'avait plus rien à lui, ni un soldat, ni un écu ; il contribuait à son tour. Ainsi, dans l'occasion, ce que les chrétiens avaient donné au pape, le pape le rendait à la chrétienté. Dans la ligue de 1542 contre les Ottomans, Paul III envoya à Charles-Quint douze mille fantassins et cinq cents chevaux.

A la fin du seizième siècle, en 1588, un orage avait sauvé l'Angleterre de l'Espagne ; à la fin du dix-septième, en 1683, Sobieski sauva l'Allemagne de la Turquie. Sauver l'Angleterre, c'était sauver l'Angleterre ; sauver l'Allemagne, c'était sauver l'Europe. On pourrait dire qu'en cette mémorable conjoncture la Pologne fit l'office de la France. Jusqu'alors c'était toujours la France que la barbarie avait rencontrée, c'était toujours devant la France qu'elle s'était dissoute. En 496, venant du Nord, elle s'était brisée à Clovis ; en 732, venant du Midi, elle s'était brisée à Charles-Martel.

Cependant, ni l'invincible *Armada* vaincue par Dieu, ni Kara-Mustapha battu par Sobieski, ne rassuraient pleinement l'Europe. L'Espagne et la Turquie étaient toujours debout, et le dix-septième siècle croyait les voir grandir indéfiniment, de plus en plus redoutables et de plus en plus menaçantes, dans un terrible et prochain avenir. La politique, cette science conjecturale comme la médecine, n'avait alors pas d'autre prévision. A peine se tranquillisait-on un peu par moments en songeant que les deux colosses se rencontraient sur la mer Rouge et se heurtaient en Asie.

Ce choc dans l'Arabie Heureuse, si lointain et si indistinct, ne diminuait pas, aux yeux des penseurs, les fatales chances qui s'amoncelaient sur la civilisation. A

l'époque dont nous venons d'esquisser le tableau, l'anxiété
était au comble. Un écrit intitulé : *Les forces du roy d'Espagne*, imprimé à Paris en 1627 avec privilége du roi et
gravures d'Isac Jaspar, dit : « L'ambition de ce roy seroit
« de posséder toute chose. Ses flottes, qui vont et vien-
« nent, brident l'Angleterre et empeschent les nauires des
« austres Estats de courir à leur fantasie. » Dans un autre
écrit, publié vers la même époque et qui a pour titre :
Discours sommaire de l'estat du Turc, nous lisons : « Il
« (le Turc) donne avec beaucoup de sujet l'alarme à la
« chrestienté, vu qu'il a tant de moyens de faire une
« grosse armée en la levant sur les pays qu'il possède. Il
« faudroit manquer du tout de jugement pour estre sans
« appréhension d'un tel déluge. »

IV

Aujourd'hui, par la force mystérieuse des choses, la Turquie est tombée, l'Espagne est tombée.

A l'heure où nous parlons, les assignats (1), cette dernière vermine des vieilles sociétés pourries, dévorent l'empire turc.

Depuis longtemps déjà une autre nation a Gibraltar, comme le sauvage qui coud à son manteau l'ongle du lion mort.

Ainsi, en moins de deux cents ans, les deux colosses qui épouvantaient nos pères se sont évanouis.

L'Europe est-elle délivrée? Non.

Comme au dix-septième siècle, un double péril la menace. Les hommes passent, mais l'homme reste; les empires tombent, les égoïsmes se réforment. Or, à l'instant où nous sommes, de même qu'il y a deux cents ans, deux immenses égoïsmes pressent l'Europe et la convoitent. L'esprit de guerre, de violence et de conquête est encore debout à l'orient; l'esprit de commerce, de ruse et d'a-

---

(1) En Turquie, ils s'appellent *schim.*

venture est encore debout à l'occident. Les deux géants se sont un peu déplacés et sont remontés vers le nord, comme pour saisir le continent de plus haut.

A la Turquie a succédé la Russie ; à l'Espagne a succédé l'Angleterre.

Coupez par la pensée, sur le globe du monde, un segment qui, tournant autour du pôle, se développe du cap Nord européen au cap Nord asiatique, de Tornéa au Kamtchatka, de Varsovie au golfe d'Anadyr, de la mer Noire à la mer d'Okhotsk, et qui, au couchant, entamant la Suède, bordant la Baltique, dévorant la Pologne, au midi, échancrant la Turquie, absorbant le Caucase et la mer Caspienne, envahissant la Perse, suivant la longue chaîne qui commence aux monts Ourals et finit au cap Oriental, côtoie le Turkestan et la Chine, heurte le Japon par le cap Lopatka, et, parti du milieu de l'Europe, aille au détroit de Behring toucher l'Amérique à travers l'Asie ; outre la Pologne, jetez pêle-mêle dans ce monstrueux segment la Crimée, la Géorgie, le Chirvan, l'Imirelée, l'A-bascie, l'Arménie et la Sibérie ; groupez à l'entour les îles de la Nouvelle-Zemble, Spitzberg, Vaigatz et Kalgoucf, Aland, Dagho et Oesel, Clarke, Saint-Mathieu, Saint-Paul, Saint-Georges, les Aleutiennes, Kodiak, Sitka et l'archipel du Prince-de-Galles ; dispersez dans cet espace immense soixante millions d'hommes, vous aurez la Russie.

La Russie a deux capitales : l'une coquette, élégante, encombrée des énormes colifichets du goût pompadour qui s'y sont faits palais et cathédrales, pavée de marbre blanc, bâtie d'hier, habitée par la cour, épousée par l'empereur ; l'autre, chargée de coupoles de cuivre et de minarets d'étain, sombre, immémoriale et répudiée. La première, Saint-Pétersbourg, représente l'Europe ; la seconde, Moscou, représente l'Asie. Comme l'aigle d'Allemagne, l'aigle de Russie a deux têtes.

La Russie peut mettre sur pied une armée de onze cent mille hommes.

Le débordement possible des Russes fait réparer la muraille de Chine et bâtir la muraille de Paris.

Ce qui était le grand knez de Moscovie est à présent l'empereur de Russie. Comparez les deux figures, et mesurez les pas que Dieu fait faire à l'homme.

Le knez s'est fait tzar, le tzar s'est fait czar, le czar s'est fait empereur. Ces transformations, disons-le, sont de véritables avatars. A chaque peau qu'il dépouille, le prince moscovite devient de plus en plus semblable à l'Europe, c'est-à-dire à la civilisation.

Pourtant, que l'Europe ne l'oublie pas, ressembler ce n'est pas s'identifier.

L'Angleterre a l'Ecosse et l'Irlande, les Hébrides et les Orcades; avec le groupe des îles Schetland, elle sépare le Danemark des îles Féroé et de l'Islande, ferme la mer du Nord, et observe la Suède; avec Jersey et Guernesey elle ferme la Manche et observe la France. Puis elle part, elle tourne autour de la Péninsule, pose son influence sur le Portugal et son talon sur Gibraltar, et entre dans la Méditerranée après en avoir pris la clef. Elle enjambe les Baléares, la Corse, la Sardaigne et la Sicile; là elle s'arrête, trouve Malte, et s'y installe entre la Sicile et Tunis, entre l'Italie et l'Afrique; de Malte, elle gagne Corfou, d'où elle surveille la Turquie en fermant la mer Adriatique; Sainte-Maure, Céphalonie et Zante, d'où elle surveille la Morée en dominant la mer Ionienne; Cérigo, d'où elle surveille Candie en bloquant l'Archipel. Ici il faut rebrousser chemin, l'Egypte barre le passage, l'isthme de Suez n'est pas encore coupé; elle revient sur ses pas et rentre dans l'Océan. Elle a tourné l'Espagne, cette petite presqu'île; elle va tourner l'Afrique, cette presqu'île énorme. Le trajet est malaisé sur cette plage où un océan de sable se mêle au grand océan des flots. Comme un homme qui traverse un gué avec précaution de pierre en pierre, elle a des repos marqués pour tous les pas qu'elle fait. Elle met d'abord le pied à Saint-James, à l'embouchure de la Gambie, d'où elle épie le Sénégal français. Son second pas s'imprime sur la côte, à Cachéo, le troisième à Sierra-Leone, le quatrième au cap Corse. Puis elle se risque dans l'océan Atlantique, et réunit sous son pavillon l'Ascension, Sainte-Hélène et Fernando-Po, triangle d'îles qui entre profondément dans le golfe de Guinée. Ainsi appuyée, elle atteint le Cap et s'empare de la pointe d'Afrique comme elle s'est emparée à Gibraltar de la pointe d'Europe. Du Cap, elle remonte, au nord, de l'autre côté de la presqu'île africaine, aborde les Mascarenhas, l'île de France et Port-Louis, d'où elle tient en respect Madagascar, et s'établit aux îles Seychelles, d'où elle commande toute la côte orientale du cap Delgado au cap Gardafù. Ici il n'y a plus que la mer Rouge qui la sépare de la Méditerranée et de l'Archipel; elle a fait le tour de l'Afrique; elle est presque revenue au point d'où elle était partie. Voici la mer des Indes, voilà l'Asie.

L'Angleterre entre en Asie; des Seychelles aux Laquedives il n'y a qu'un pas, elle prend les Laquedives; après quoi elle étend la main et saisit l'Hindoustan, tout l'Hindoustan, Calcutta, Madras et Bombay, ces trois provinces de la Compagnie des Indes, grandes comme des empires, et sept royaumes, Népaul, Oude, Barode, Nagpour, Nizam, Maïssour et Travancore. Là elle touche à la Russie; le Turkestan chinois seul l'en sépare. Maîtresse du golfe d'Oman, que borde l'immense côte qu'elle possède de Haydérabad à Trivanderam, elle atteint la Perse et la Turquie par le golfe Persique, qu'elle peut fermer, et l'Egypte par la mer Rouge, qu'elle peut bloquer également. L'Hindoustan lui donne Ceylan. De Ceylan elle se glisse entre

les îles Nicobar et les îles Andammans, prend terre sur
la longue côte des monts Mogs, dans l'Indo-Chine, et la
voilà qui tient le golfe du Bengale. Tenir le golfe du Bengale, c'est faire la loi à l'empire des Birmans. Les monts
Mogs lui ouvrent la presqu'île de Malacca ; elle s'y étend
et s'y consolide. De Malacca elle observe Sumatra, des
îles Sincapour elle observe Bornéo. De cette façon, possédant le cap Romania et le cap Comorin, elle a les deux
grandes pointes d'Asie comme elle a la pointe d'Europe,
comme elle a la pointe d'Afrique.

A l'heure où nous sommes, elle attaque la Chine de
vive force après avoir essayé de l'empoisonner, ou du
moins de l'endormir.

Ce n'est pas tout ; il reste deux mondes, la Nouvelle-
Hollande et l'Amérique, elle les saisit. De Malacca, elle
traverse le groupe inextricable des îles de la Sonde, cette
conquête de la vieille navigation hollandaise, et s'empare
de la Nouvelle-Hollande tout entière, terre vierge qu'elle
féconde avec des forçats, et qu'elle garde jalousement,
crénelée dans les îles Bathurst au nord et dans l'île de
Diémen au sud comme dans deux forteresses.

Puis elle suit un moment la route de Cook, laisse à sa
gauche les six archipels de l'Océanie, louvoie devant la
longue muraille des Cordilières et des Andes, double le
cap Horn, remonte les côtes de la Patagonie et du Brésil,
et prend terre enfin sous l'équateur au sommet de l'Amérique méridionale à Stabrock, où elle crée la Guyane anglaise. Un pas, et elle est maîtresse des îles du Vent, ce
cromlech d'îles qui clôt la mer des Antilles ; un autre pas,
et elle est maîtresse des îles Lucayes, longue barricade
qui ferme le golfe du Mexique. Il y a vingt-quatre petites
Antilles, elle en prend douze ; il y a quatre grandes Antilles, Cuba, Saint-Domingue, la Jamaïque et Porto-
Ricco, elle se contente d'une, la Jamaïque, d'où elle gêne

les trois autres. Ensuite, au milieu même de l'isthme de
Panama, à l'entrée du golfe d'Honduras, elle découpe en
terre ferme un morceau du Yucatan, et y pose son éta-
blissement de Balize comme une vedette entre les deux
Amériques. Là, pourtant, le Mexique la tient en échec,
et, au delà du Mexique, les Etats-Unis, cette colonie dont
la nationalité est un affront pour elle. Elle se rembarque,
et des iles Lucayes, s'appuyant sur les Bermudes où elle
plante son pavillon, elle atteint Terre-Neuve, cette ile qui,
vue à vol d'oiseau, a la forme d'un chameau agenouillé
sur l'Océan et levant sa tête vers le pôle. Terre-Neuve,
c'est la station de son dernier effort. Il est gigantesque.
Elle allonge le bras et s'approprie d'un coup tout le nord
de l'Amérique, de l'océan Atlantique au Grand-Océan, les
iles de la Nouvelle-Ecosse, le Canada et le Labrador, la
baie d'Hudson et la mer de Baffin, le Nouveau-Norfolk, la
Nouvelle-Calédonie et les archipels de Quadra et de Van-
couver, les Iroquois, les Chipeouays, les Eskimaux, les
Kristinaux, les Koliougis, et, au moment de saisir les Ou-
galacmioutis et les Kilégues, elle s'arrête tout à coup : la
Russie est là. Où l'Angleterre est venue par mer, la Russie est venue par terre, car le détroit de Behring ne
compte pas, et là, sous le cercle polaire, parmi les sauvages hideux et effarés, dans les glaces et les banquises, à
la réverbération des neiges éternelles, à la lueur des au-
rores boréales, les deux colosses se rencontrent et se re-
connaissent.

Récapitulons : l'Angleterre tient les six plus grands
golfes du monde, qui sont les golfes de Guinée, d'Oman,
de Bengale, du Mexique, de Baffin et d'Hudson; elle ouvre
ou ferme à son gré neuf mers, la mer du Nord, la Manche, la Méditerranée, l'Adriatique, la mer Ionienne, la
mer de l'Archipel, le golfe Persique, la mer Rouge, la mer
des Antilles. Elle possède en Amérique un empire, la Nou-

velle-Bretagne, en Asie un empire, l'Hindoustan, et dans
le Grand-Océan un monde, la Nouvelle-Hollande.

En outre, elle a d'innombrables iles qui sont, sur toutes les mers et sur tous les continents, comme des vaisseaux en station et à l'ancre, et avec lesquelles, ile et navire elle-même, embossée devant l'Europe, elle commu-
nique, pour ainsi dire sans solution de continuité, par ses
innombrables vaisseaux, iles flottantes.

Le peuple d'Angleterre n'est pas pour lui-même un
peuple souverain, mais il est pour d'autres nations un
peuple suzerain. Il gouverne féodalement deux millions
trois cent soixante-dix mille Ecossais, huit millions deux
cent quatre-vingt mille Irlandais, deux cent quarante-
quatre mille Africains, soixante mille Australiens, un
million six cent mille Américains et cent vingt-quatre
millions d'Asiatiques, c'est-à-dire que quatorze millions
d'Anglais possèdent sur la terre cent trente-sept millions
d'hommes.

Tous les lieux que nous avons nommés dans les quelques pages qu'on vient de lire sont les points d'attache de
l'immense filet où l'Angleterre a pris le monde.

V

Voici ce qui a perdu la Turquie.

Premièrement, l'immensité du territoire formé d'Etats juxtaposés et non cimentés. Le ciment des nations, c'est une pensée commune. Des peuples ne peuvent adhérer entre eux s'ils n'ont une même langue dont les mots circulent comme la monnaie de l'esprit de tous possédée tour à tour par chacun. Or, ce qui fait circuler la langue, ce qui imprime une effigie aux mots, ce qui crée la pensée commune, c'est avant tout l'art, la poésie, la littérature, *humaniores litteræ*. Point d'art ni de lettres en Turquie, donc point de langue circulant de peuple à peuple, point de pensée commune, point d'unité. Ici on parlait latin, là grec, ailleurs slave, plus loin arabe, persan ou hindou. Ce n'était pas un empire, c'était un bloc taillé par le sabre, un composé hybride de nations qui se touchaient, mais qui ne se pénétraient pas. Ajoutez à cela des déserts, faits tantôt par la conquête, tantôt par le climat, immenses solitudes que la séve sociale ne pouvait traverser.

Deuxièmement, le despotisme du prince. Le sultan était tout ensemble pontife et empereur, souverain temporel et souverain spirituel, chef politique, chef militaire et chef

religieux. Ses sujets lui appartenaient, biens, corps et esprit, d'une façon absolue et terrible, comme sa chose et
plus que sa chose. Il pouvait les condamner et les damner.
Sultan, il avait leur vie; commandeur des croyants, il
avait leur âme. Or, malheur à l'individu qui est en même
temps ordinaire comme homme et extraordinaire comme
prince! Trop de pouvoir est mauvais à l'homme. Etre
prêtre, être roi, être Dieu, c'est trop. Le bourdonnement
confus de toutes les volontés éveillées qui demandent à
être satisfaites à la fois assourdit le pauvre cerveau de celui
qui peut tout, étourdit son intelligence, dérange la géné-
ration de sa pensée et le rend fou. On pourrait dire et démontrer, preuves en main, que la plupart des empereurs
romains et des sultans ont été dans une situation cérébrale
particulière. Sans doute il faut admettre, et l'histoire enregistre par intervalles l'admirable accident d'un despote
illustre, intelligent et supérieur; mais en général et presque toujours le sultan est vulgaire. De là des désordres
sans nombre; l'effroyable oscillation d'une volonté suprême qui heurte et brise tout au hasard dans l'Etat. Le
despotisme, utile, expédient, inspirateur, parfois nécessaire, pour les hommes de génie, effare et trouble
l'homme médiocre. Le vin des forts est le poison des
faibles.

Troisièmement, les révolutions de sérail, les conspirations de palais; le despote étranglant ses frères, les frères
empoisonnant ou égorgeant le despote; la défiance du
père au fils et du fils au père; le soupçon dans le foyer, la
haine dans l'alcôve, des maladies inconnues, des fièvres
suspectes, des morts obscures; l'éternel complot des
grands, toujours placés entre une ascension sans terme et
une chute sans fond; l'émeute et le bouillonnement des
petits, toujours malheureux, toujours irrités; la terreur
dans la famille impériale, le tremblement dans l'empire;

faits graves, tristes et permanents qui découlent du despotisme.

Quatrièmement, un gouvernement mauvais, à la fois dur et mou, lequel sort en chancelant de ce despote qui ne pense jamais et de ce palais qui tremble toujours; pouvoir sans cohésion superposé à un Etat sans unité. Les populations de cet empire à demi barbare sont dans l'ombre; d'elles-mêmes et d'autrui, de leurs intérêts, de leur avenir, elles distinguent et savent peu de chose; le gouvernement, qui devrait les guider et qui s'y hasarde en effet, ignore presque tout et méconnaît le reste. Or, pour les gouvernements comme pour les individus, méconnaître est pire qu'ignorer. Où ira cette nation forte, puissante, exubérante, redoutable, mais ignorante? Qui la mène et où la mène-t-on? Elle tâtonne et voit à peine devant elle; son gouvernement y voit moins encore. Etrange spectacle! un myope conduit par un aveugle.

Cinquièmement, la servitude posée comme un bât sur le peuple. Sous la domination turque, le laboureur ne s'appartenait pas; il était à un propriétaire. Il y avait un premier bétail, le troupeau; et un deuxième bétail, le paysan. Ainsi, la dépopulation partout, point de vraie culture, un sillon détesté du laboureur. La propriété et la liberté font aimer la terre à l'homme; la servitude la lui fait haïr. Le cœur se serre en étudiant cet Etat; qu'on l'examine en haut ou qu'on le regarde en bas, les deux extrémités se ressemblent par la misère intellectuelle. Que peut devenir la sociabilité humaine entre un prince que le despotisme hébête et un paysan que l'esclavage abrutit?

Sixièmement, l'abus des colonies militaires. Les timariots étaient des colons soldats. C'est une erreur qu'avaient les Turcs de croire qu'on refait de la population de cette manière. Le procédé manque le but. Un village qui est un régiment n'est plus un village. Un régiment est toujours

coupé carrément; un village doit choisir son lieu et y
germer naturellement et y croître au soleil. Un village
est un arbre, un régiment est une poutre. Pour faire le
soldat, on tue le paysan. Or, pour la vie intérieure et
profonde des empires, mieux vaut un paysan qu'un soldat.

Septièmement, l'oppression des pays conquis; une langue barbare imposée aux vaincus; une noble nation, illustre, historique, grande dans les souvenirs et les sympathies de l'Europe, jadis libre, jadis républicaine, décimée,
extirpée, livrée au sabre et au fouet, écrasée dans
l'homme, dans la femme et jusque dans l'enfant; déracinée
de son propre sol, transplantée au loin, jetée au vent,
foulée aux pieds. Ces voies de fait du peuple vainqueur
sur le peuple vaincu sont accompagnées de cris d'horreur,
et finissent par révolter toute la terre. Quand l'heure a
enfin sonné, les peuples opprimés se lèvent, et le monde
se lève de leur côté.

Huitièmement, la religion sans l'intelligence, la foi
sans la réflexion, c'est-à-dire l'idolâtrie; un peuple, dévot
sans perception directe du beau, du juste et du vrai, qui
n'a plus dans la tête que les deux yeux louches et faux de
sa croyance, le fatalisme à travers lequel il voit l'homme,
le fanatisme à travers lequel il voit Dieu.

Ainsi, un grand territoire mal lié, un gouvernement
inintelligent, les conspirations de palais, l'abus des colonies militaires, la servitude du paysan, l'oppression féroce
des pays conquis, le despotisme dans le prince, le fanatisme dans le peuple: voilà ce qui a perdu la Turquie.
Que la Russie y songe.

Voici ce qui a perdu l'Espagne:

Premièrement, la manière dont le sol était possédé. En
Espagne, tout ce qui n'appartenait pas au roi appartenait
à l'Église ou à l'aristocratie. Le clergé espagnol était,
qu'on nous permette ce mot sévèrement évangélique,

scandaleusement riche. L'archevêque de Tolède, du temps
de Philippe III, avait deux cent mille ducats de rente, ce
qui représente aujourd'hui environ cinq millions de francs.
L'abbesse de las Buelgas de Burgos était dame de vingt-quatre
villes et de cinquante village, et avait la collation de douze
commanderies. Le clergé, sans compter les dimes et les
prébendes, possédait un tiers du sol : la grandesse possédait le reste. Les domaines des grands d'Espagne étaient
presque de petits royaumes. Les rois de France exilaient
un duc et pair dans ses terres; les rois d'Espagne exilaient
un grand dans ses États, *en sus estados*. Les seigneurs espagnols étaient les plus grands propriétaires, les plus
grands cultivateurs et les plus grands bergers du royaume.
En 1617 le marquis de Gebraleon avait un troupeau de
huit cent mille moutons. De là des provinces entières, la
Vieille-Castille, par exemple, laissées en friche et aban-
données à la vaine pâture. Sans doute la petite propriété
et la petite culture ont leurs inconvénients, mais elles ont
d'admirables avantages. Elles lient le peuple au sol individu par individu. Dans chaque sillon, pour ainsi dire, est
scellé un anneau invisible qui attache le propriétaire à la
société. L'homme aime la patrie à travers le champ. Qu'on
possède un coin de terre ou la moitié d'une province, on
possède, tout est dit, c'est là le grand fait. Or, quand
l'Eglise et l'aristocratie possèdent tout, le peuple ne possède rien ; quand le peuple ne possède rien, il ne tient à
rien. A la première secousse il laisse tomber l'Etat.

Deuxièmement, la profonde misère des classes inférieu-
res. Quand tout est en haut, rien n'est en bas. Le champ
était aux seigneurs, par conséquent le blé, par conséquent
le pain. Ils vendaient le pain au peuple et le lui vendaient
cher. Faute affreuse, que font toujours toutes les aristo-
craties. De là des famines factices. Du temps même de
Charles-Quint, dans les hivers rigoureux, les pauvres mou-

raient de froid et de faim dans les rues de Madrid. Or,
profonde misère, profonde rancune. La faim fait un trou
dans le cœur du peuple et y met la haine. Au jour venu,
toutes les poitrines s'ouvrent, et une révolution en sort.

En attendant que les révolutions éclatent, le vol s'orga-
nise. Les voleurs tenaient Madrid. Ailleurs ils forment une
bande; à Madrid ils formaient une corporation. Tout
voyageur prudent capitulait avec eux, les comptait d'a-
vance dans les frais de sa route et leur faisait leur part.
Nul ne sortait de chez soi sans emporter la bourse des
voleurs. Pendant la minorité de Charles II, sous le minis-
tère du second don Juan d'Autriche, le corrégidor de Madrid adressait requête à la régente pour la supplier d'éloigner de la ville le régiment d'Aytona, dont les soldats, la
nuit venue, aidaient les bandits à détrousser les bourgeois.

Troisièmement, la manière dont étaient possédés et ad-
ministrés les pays conquis et les domaines d'outre-mer. Il
n'y avait pour tout le Nouveau-Monde que deux gouverneurs, le vice-roi du Pérou et le vice-roi du Mexique; et
ces deux gouverneurs étaient en général mauvais. Repré-
sentants de l'Espagne, ils la calomniaient par leurs exac-
tions et la rendaient odieuse. Ils ne montraient à ces peuples lointains que deux faces, la cupidité et la cruauté,
pillant le bien et opprimant l'homme. Ils détruisaient les
princes naturels du pays et exterminaient les populations
indigènes. Quant aux vice-royautés d'Europe, il y avait un
proverbe italien. Le voici; il dit énergiquement ce que
c'était que la domination espagnole : *L'officier de Sicile
ronge, l'officier de Naples mange, l'officier de Milan dévore.*

Quatrièmement, l'intolérance religieuse. Nous reparle-
rons peut-être plus loin de l'inquisition. Disons seulement
ici que les évêques avaient un poids immense en Espagne.
Des classes entières de regnicoles, les hérétiques et les

juifs, étaient hors la loi. Tout clergé pauvre est évangélique; tout clergé riche est mondain, sensuel, politique, et par conséquent intolérant. Sa position est convoitée, il a besoin de se défendre, il lui faut une arme, l'intolérance en est une. Avec cette arme il blesse la raison humaine et tue la loi divine.

Cinquièmement, l'énormité de la dette publique. Si riche que fût l'Espagne, ses charges l'obéraient. Les gaspillages de la cour, les gros gages des dignitaires, les bénéfices ecclésiastiques, l'ulcère sans cesse agrandi de la misère populaire, la guerre des Pays-Bas, les guerres d'Amérique et d'Asie, la cherté de la politique secrète, l'entretien des supports cachés qu'on avait partout, le travail souterrain de l'intrigue universelle qu'il fallait payer et soutenir dans le monde entier, ces mille causes épuisaient l'Espagne. Les coffres étaient toujours vides. On attendait le galion, et, comme écrivait le maréchal de Tessé, *si quelque tempête le fait périr ou si quelque ennemi l'emporte, toute chose est au désespoir.* Sous Philippe III, le marquis de Spinola était obligé de payer de ses deniers l'armée des Pays-Bas. Il y a deux siècles, l'Europe, sous le rapport financier, ressemblait à une famille mal administrée; les monarchies étaient l'enfant prodigue, les républiques étaient l'usurier. C'est l'éternelle histoire du gentilhomme empruntant au marchand. Nous avons vu que la Suisse vendait des armées; la Hollande, Venise et Gênes vendaient de l'argent. Ainsi un prince achetait aux treize cantons une armée toute faite, les cantons livraient l'armée à jour fixe, Venise la payait; puis, quand il fallait rembourser Venise, le prince donnait une province, quelquefois tout son État y passait. L'Espagne empruntait de tout côté et devait partout. En 1600 le roi catholique devait, à Gênes seulement, seize millions d'or.

Sixièmement, une nation voisine, une nation sœur,

pour ainsi parler, ayant longtemps vécu à part, ayant eu ses princes et ses seigneurs particuliers, envahie un beau matin par surprise, presque par trahison, réunie violemment à la monarchie centrale, de royaume faite province et traitée en pays conquis.

Septièmement, la nature de l'armement en Espagne. L'armement de terre était peu de chose comparé à l'armement de mer. La puissance espagnole reposait principalement sur la flotte. C'était dépendre d'un coup de vent. L'aventure de l'armada, c'est l'histoire de l'Espagne. Un coup de vent, qu'on l'appelle trombe, comme en Europe, ou typhon, comme en Chine, est de tous les temps. Malheur à la puissance sur laquelle le vent souffle !

Huitièmement, l'éparpillement du territoire. Les vastes possessions de l'Espagne, disséminées sur toutes les mers et dans tous les coins de la terre, n'avaient aucune adhérence avec elle. Quelques-unes, les Indes, par exemple, étaient à quatre mille lieues d'elle, et, comme nous l'avons dit, ne se liaient à la métropole que par le sillage de ses vaisseaux. Or, qu'est-ce que le sillage d'un vaisseau ? Un fil. Et combien de temps croit-on que puisse tenir un monde attaché par un fil ?

L'an passé, nous trouvâmes dans je ne sais plus quelle poussière un vieux livre que personne ne lit aujourd'hui et que personne n'a lu peut-être quand il a paru. C'est un in-quarto intitulé : *Discours de la monarchie d'Espagne*, publié sans nom d'auteur, en 1617, à Paris, chez Pierre Chevalier, rue Saint-Jacques, à l'enseigne de Saint Pierre, près les Mathurins. Nous ouvrîmes ce livre au hasard, et nous tombâmes, page 152, sur le passage que nous transcrivons textuellement : « Quelques-uns tiennent que cette « monarchie ne peut estre de longue durée, à cause que « ses terres sont tellement séparées et esparses, et qu'il « faut des despences incroyables pour enuoyer partout et

« des vaisseaux et des hommes, et mesme que ceux qui
« sont natifs des païs esloignés peuvent enfin entrer en
« considération du petit nombre des Espagnols, prendre
« courage, et se liguer contre eux, et les chasser. » C'est
en 1617, à l'époque où l'Europe tremblait devant l'Espagne, à l'apogée de la monarchie castillane, qu'un inconnu
osait écrire et imprimer cette folle prophétie. Cette folle
prophétie, c'était l'avenir. Deux cents ans plus tard, elle
s'accomplissait dans tous ses détails, et aujourd'hui chaque
mot de l'anonyme de 1617 est devenu un fait : les *terres
éparses* ont amené les *dépenses incroyables*, la métropole
s'est épuisée *en hommes et en vaisseaux*, les *natifs des
pays éloignés* sont *entrés en considération du petit nombre
des Espagnols*, ont *pris courage*, se sont *ligués contre eux*,
et les ont *chassés*. On pourrait dire que le messie Bolivar
est ici prédit tout entier. — Il y a deux siècles, toute
l'Amérique était un groupe de colonies ; aujourd'hui, réaction frappante, toute l'Amérique, au Brésil près, est un
groupe de républiques.

Ainsi, une riche aristocratie possédant le sol et vendant
le pain au peuple ; un clergé opulent, prépondérant et fa-
natique, mettant hors la loi des classes entières de regnicoles ; l'intolérance épiscopale ; la misère du peuple ;
l'énormité de la dette ; la mauvaise administration des
vice-rois lointains ; une nation sœur traitée en pays conquis ; la fragilité d'une puissance toute maritime assise sur
la vague de l'Océan ; la dissémination du territoire sur
tous les points du globe ; le défaut d'adhérence des possessions avec la métropole ; la tendance des colonies à devenir nations : voilà ce qui a perdu l'Espagne. Que l'Angleterre y songe.

Enfin, pour résumer ce qui est commun à l'empire
ottoman et à la monarchie espagnole, l'égoïsme, un
égoïsme implacable et profond, — chose étrange, de l'é•

goïsme et point d'unité ! — Une politique immorale, violente ici, fourbe là, trahissant les alliances pour servir les
intérêts; être, l'un, l'esprit militaire sans les qualités che-
valeresques qui font du soldat l'appui de la sociabilité;
être, l'autre, l'esprit mercantile sans l'intelligente probité
qui fait du marchand le lien des Etats; représenter,
comme nous l'avons dit, le premier, la barbarie; le second, la corruption; en un mot, être, l'un, la guerre,
l'autre, le commerce, n'être ni l'un ni l'autre la civilisation : voilà ce qui a fait choir les deux colosses d'autrefois.
Avis aux deux colosses d'aujourd'hui.

VI

Avant d'aller plus loin, nous sentons le besoin de déclarer que ceci n'est qu'une froide et grave étude de l'histoire. Celui qui écrit ces lignes comprend les haines de peuple à peuple, les antipathies de races, les aveuglements des nationalités, il les excuse, mais il ne les partage pas. Rien, dans ce qu'on vient de lire, rien, dans ce qu'on va lire encore, ne contient une réprobation qui puisse retomber sur les peuples mêmes dont l'auteur parle. L'auteur blâme quelquefois les gouvernements, jamais les nations. En général, les nations sont ce qu'elles doivent être ; la racine du bien est en elles, Dieu la développe et lui fait porter fruit. Les quatre peuples mêmes dont on trace ici la peinture rendront à la civilisation de notables services le jour où ils accepteront comme leur but spécial le but commun de l'humanité. L'Espagne est illustre, l'Angleterre est grande; la Russie et la Turquie elle-même renferment plusieurs des meilleurs germes de l'avenir.

Nous croyons encore devoir le déclarer dans la profonde indépendance de notre esprit, nous n'étendons pas jusqu'aux princes ce que nous disons des gouvernements. Rien n'est plus facile aujourd'hui que d'insulter les rois.

L'insulte aux rois est une flatterie adressée ailleurs. Or, flatter qui que ce soit de cette façon, en haut ou en bas, c'est une idée que celui qui parle ici n'a pas besoin d'éloigner de lui ; il se sent libre, et il est libre, parce qu'il se reconnaît la force de louer dans l'occasion quiconque lui semble louable, fût-ce un roi. Il le dit donc hautement et en pleine conviction, jamais, et ceci prouve l'excellence de notre siècle, jamais, en aucun temps, quelle que soit l'époque de l'histoire qu'on veuille confronter avec la nôtre, les princes et les peuples n'ont valu ce qu'ils valent maintenant.

Qu'on ne cherche donc dans l'examen historique auquel il se livre ici aucune application blessante ni pour l'honneur des royautés ni pour la dignité des nations ; il n'y en a pas. C'est avant tout un travail philosophique et spéculatif. Ce sont des faits généraux, rien de plus ; ce sont des idées générales, rien de plus. L'auteur n'a aucun fiel dans l'âme. Il attend candidement l'avenir serein de l'humanité. Il a espoir dans les princes ; il a foi dans les peuples.

VII

Cela dit une fois pour toutes, continuons l'examen des ressemblances entre les deux empires qui ont alarmé le passé et les deux empires qui inquiètent le présent.

Première ressemblance. Il y a du tartare dans le turc, il y en a aussi dans le russe. Le génie des peuples garde toujours quelque chose de sa source.

Les Turcs, fils des Tartares, sont des hommes du Nord, descendus à travers l'Asie, qui sont entrés en Europe par le Midi.

Napoléon à Sainte-Hélène a dit : *Grattez le Russe, vous trouverez le Tartare.* Ce qu'il a dit du Russe, on peut le dire du Turc.

L'homme du Nord proprement dit est toujours le même. A de certaines époques climatériques et fatales, il descend du pôle et se fait voir aux nations méridionales, puis il s'en va, et il revient deux mille ans après, et l'histoire le retrouve tel qu'elle l'avait laissé.

Voici une peinture historique que nous avons sous les yeux en ce moment : « C'est là vraiment l'homme barbare. « Ses membres trapus, son cou épais et court, je ne sais « quoi de hideux qu'il a dans tout le corps, le font res-

« sembler à un monstre à deux pieds ou à ces balustres
« taillés grossièrement en figures humaines qui soutien-
« nent les rampes des escaliers. Il est tout à fait sauvage. Il se
« passe de feu quand il le faut, même pour préparer sa
« nourriture. Il mange des racines et des viandes cuites ou
« plutôt pourries sous la selle de son cheval. Il n'entre
« sous un toit que lorsqu'il ne peut faire autrement. Il a
« horreur des maisons comme si c'était des tombeaux. Il
« va par vaux et par monts, il court devant lui, il sait depuis
« l'enfance supporter la faim, la soif et le froid. Il porte un
« gros bonnet de poil sur la tête, un jupon de laine sur le
« ventre, deux peaux de boucs sur les cuisses, sur le dos un
« manteau de peaux de rats cousues ensemble. Il ne saurait
« combattre à pied. Ses jambes alourdies par de grandes
« bottes, ne peuvent marcher et le clouent à la selle, de
« sorte qu'il ne fait qu'un avec son cheval, lequel est agile
« et vigoureux, mais petit et laid. Il vit à cheval, il traite
« à cheval, il achète et vend à cheval, il boit et mange à
« cheval, il dort et rêve à cheval.

« Il ne laboure point la terre, il ne cultive pas les
« champs, il ne sait ce que c'est qu'une charrue. Il erre
« toujours, comme s'il cherchait une patrie ou un foyer.
« Si vous lui demandez d'où il est, il ne saura que répon-
« dre. Il est ici aujourd'hui, mais hier il était là; il a été
« élevé là-bas, mais il est né plus loin.

« Quand la bataille commence, il pousse un hurlement
« terrible, arrive, frappe, disparaît et revient comme l'é-
« clair. En un instant il emporte et pille le camp assailli.
« Il combat de près avec le sabre, et de loin avec une
« longue lance dont la pointe est artistement emman-
« chée. »

Ceci est l'homme du Nord. Par qui a-t-il été esquissé, à
quelle époque et d'après qui? Sans doute en 1814, par
quelque rédacteur effrayé du *Moniteur*, d'après le Cosaque,

dans le temps où la France pliait ? Non, ce tableau a été fait d'après le Hun, en 375, par Ammien Marcellin et Jordanis (1), dans le temps où Rome tombait. Quinze cents ans se sont écoulés, la figure a reparu, le portrait ressemble encore.

Notons en passant que les Huns de 375, comme les Cosaques de 1814, venaient des frontières de la Chine.

L'homme du Midi change, se transforme et se développe, fleurit et fructifie, meurt et renaît comme la végétation ; l'homme du Nord est éternel comme la neige.

Deuxième ressemblance. En Russie comme en Turquie rien n'est définitivement acquis à personne, rien n'est tout à fait possédé, rien n'est nécessairement héréditaire. Le Russe comme le Turc peut, d'après la volonté ou le caprice d'en haut, perdre son emploi, son grade, son rang, sa liberté, son bien, sa noblesse, jusqu'à son nom. Tout est au monarque, comme dans de certaines théories plus folles encore que dangereuses, qu'on essayera vainement à l'esprit français, tout serait à la communauté. Il importe de remarquer, et nous livrons ce fait à la méditation des démocrates absolus, que le propre du despotisme, c'est de niveler. Le despotisme fait l'égalité sous lui. Plus le despotisme est complet, plus l'égalité est complète. En Russie comme en Turquie, la rébellion exceptée, qui n'est pas un fait normal, il n'y a pas d'existence décidément et virtuellement résistante. Un prince russe se brise comme un pacha ; le prince, comme le pacha, peut devenir simple soldat et n'être plus dans l'armée qu'un zéro dont un caporal est le chiffre. Un prince russe se crée comme un pacha. Un porte-balle devient Méhémet-Ali ; un garçon

(1) Voyez Jordanis, 24. — Ammien Marcellin, 12.

pâtissier devient Menzikoff. Cette égalité, que nous constatons ici sans la juger, monte même jusqu'au trône et, toujours en Turquie, parfois en Russie, s'accouple à lui. Une esclave est sultane ; une servante a été czarine.

Le despotisme, comme la démagogie, hait les supériorités naturelles et les supériorités sociales. Dans la guerre qu'il leur fait, il ne recule pas plus qu'elle devant les attentats qui décapitent la société elle-même. Il n'y a pas pour lui d'hommes de génie ; Thomas Morus ne pèse pas plus dans la balance de Henri Tudor que Bailly dans la balance de Marat. Il n'y a pas pour lui de têtes couronnées ; Marie Stuart ne pèse pas plus dans la balance d'Élisabeth que Louis XVI dans la balance de Robespierre.

La première chose qui frappe quand on compare la Russie à la Turquie, c'est une ressemblance ; la première chose qui frappe quand on compare l'Angleterre à l'Espagne, c'est une dissemblance. En Espagne, la royauté est absolue ; en Angleterre, elle est limitée.

En y réfléchissant, on arrive à ce résultat singulier : cette dissemblance engendre une ressemblance. L'excès du monarchisme produit, quant à l'autorité royale, et à ne le considérer que sous ce point de vue spécial, le même résultat que l'excès du constitutionnalisme. Dans l'un et dans l'autre cas le roi est annulé.

Le roi d'Angleterre, servi à genoux, est un roi nominal ; le roi d'Espagne, servi de même à genoux, est aussi un roi nominal. Tous deux sont impeccables. Chose remarquable, l'axiome fondamental de la monarchie la plus absolue est également l'axiome fondamental de la monarchie la plus constitutionnelle. *El rey no cae*, le roi ne tombe pas, dit la vieille loi espagnole ; *The king can do no wrong*, le roi ne peut faillir, dit la vieille loi anglaise. Quoi de plus frappant, quand on creuse l'histoire, que de trouver, sous les faits en apparence les plus divers, le monarchisme pur et le constitutionnalisme rigoureux assis sur la même base et sortant de la même racine!

Le roi d'Espagne pouvait être, sans inconvénient, de même que le roi d'Angleterre, un enfant, un mineur, un ignorant, un idiot. Le parlement gouvernait pour l'un; le Despacho universal gouvernait pour l'autre. Le jour où la nouvelle de la prise de Mons parvint à Madrid, Philippe IV se réjouit très-fort en plaignant tout haut *ce pauvre roi de France, ese pobrecito rey de Francia.* Personne n'osa lui dire que c'était à lui, roi d'Espagne, que Mons appartenait. Spinola, investissant Breda, que les Hollandais défendaient admirablement, écrivit dans une longue lettre à Philippe III le détail des innombrables impossibilités du siége; Philippe III lui renvoya sa lettre après avoir seulement écrit en marge de sa main: *Marquis, prends Breda.* Pour écrire un pareil mot, il n'y a que la stupidité ou le génie, il faut tout ignorer ou tout vouloir, être Philippe III ou Bonaparte. Voilà à quelle nullité pouvait tomber le roi d'Espagne, isolé qu'il était de toute pensée et de toute action par la forme même de son autorité. La grande charte isole le roi d'Angleterre à peu près de la même façon. L'Espagne a lutté contre Louis XIV avec un roi imbécile; l'Angleterre a lutté contre Napoléon avec un roi fou.

Ceci ne prouve-t-il point que dans les deux cas le roi est purement nominal? — Est-ce un bien? Est-ce un mal? C'est là encore un fait que nous constatons sans le juger.

Rien n'est moins libre qu'un roi d'Angleterre, si ce n'est un roi d'Espagne. A tous les deux on dit : *Vous pouvez tout, à la condition de ne rien vouloir.* Le parlement lie le premier, l'étiquette lie le second; et, ce sont là les ironies de l'histoire, ces deux entraves si différentes produisent dans de certains cas les mêmes effets. Quelquefois le parlement se révolte et tue le roi d'Angleterre ; quelquefois l'étiquette se révolte et tue le roi d'Espagne. Parrallélisme bizarre, mais incontestable, dans lequel l'échafaud de Charles Ier a pour pendant le brasier de Philippe III.

Un des résultats les plus considérables de cette annulation de l'autorité royale par des causes pourtant presque opposées, c'est que la loi salique devient inutile. En Espagne comme en Angleterre, les femmes peuvent régner.

Entre les deux peuples il existe encore plus d'un rapport qu'enseigne une comparaison attentive. En Angleterre comme en Espagne, le fond du caractère national est fait d'orgueil et de patience. C'est là, à tout prendre, et sauf les restrictions que nous indiquerons ailleurs, un admirable tempérament et qui pousse les peuples aux grandes choses. L'orgueil est vertu pour une nation ; la patience est vertu pour l'individu.

Avec l'orgueil on domine ; avec la patience on colonise. Or, que trouvez-vous au fond de l'histoire d'Espagne comme au fond de l'histoire de la Grande-Bretagne ? Dominer et coloniser.

Tout à l'heure nous tracions, l'œil fixé sur l'histoire, le tableau de l'infanterie castillane. Qu'on le relise. C'est aussi le portrait de l'infanterie anglaise.

Tout à l'heure nous indiquions quelques traits du clergé espagnol. En Angleterre aussi il y a un archevêque de Tolède ; il s'appelle l'archevêque de Cantorbéry.

Si l'on descend jusqu'aux moindres particularités, on voit que, pour ces petits détails impérieux de vie intérieure et matérielle qui sont comme la seconde nature des populations, les deux peuples, chose singulière, sont de la même façon tributaires de l'Océan. Le thé est pour l'Angleterre ce qu'était pour l'Espagne **le cacao** : l'habitude de la nation; et par conséquent, selon la conjoncture, une occasion d'alliance ou un cas de guerre.

Passons à un autre ordre d'idées.

Il y a eu et il y a encore chez certains peuples un dogme affreux, contraire au sentiment intérieur de la conscience humaine, contraire à la raison publique qui fait la vie même des Etats. C'est cette fatale aberration religieuse érigée en loi dans quelques pays, qui établit en principe et qui croit qu'en brûlant le corps on sauve l'âme, que les tortures de ce monde préservent une créature humaine des tortures de l'autre, que le ciel s'achète par la souffrance physique, et que Dieu n'est qu'un grand bourreau souriant, du haut de l'éternité de son enfer, à tous les hideux petits supplices que l'homme peut inventer. Si jamais dogme fut contraire au développement de la sociabilité humaine, c'est celui-là. C'est lui qui s'attelle à l'horrible chariot de Jaghernaut; c'est lui qui présidait il y a un siècle aux exterminations annuelles de Dahomet. Quiconque sent et raisonne le repousse avec horreur. Les religions de l'Orient l'ont vainement transmis aux religions de l'Occident. Aucune philosophie ne l'a adopté. Depuis trois mille ans, sans attirer un seul penseur, la pâle clarté de ces doctrines sépulcrales rougit vaguement le bas du porche monstrueux des théogonies de l'Inde, sombre et gigantesque édifice qui se perd, à demi entrevu par l'humanité terrifiée, dans les ténèbres sans fond du mystère infini.

Cette doctrine a allumé en Europe au seizième siècle les bûchers des juifs et des hérétiques; l'inquisition les dressait, l'Espagne les attisait. Cette doctrine allume encore de nos jours en Asie le bûcher des veuves; l'Angleterre ne le dresse ni ne l'attise, mais elle le regarde brûler.

Nous ne voulons pas tirer de ces rapprochements plus qu'ils ne contiennent. Il nous est impossible pourtant de ne pas remarquer qu'un peuple qui serait pleinement dans la voie de la civilisation ne pourrait tolérer, même par politique, ces lugubres, atroces et infâmes sottises. La France au seizième siècle a rejeté l'inquisition. Au dix-neuvième, si l'Inde était colonie française, la France eût depuis longtemps éteint le suttee.

Puisqu'en notant çà et là les points de contact inaperçus, mais réels, de l'Espagne et de l'Angleterre, nous avons parlé de la France, observons qu'on en retrouve jusque dans les événements en apparence purement accidentels. L'Espagne avait eu la captivité de François Ier ; l'Angleterre a partagé cette gloire ou cette honte. Elle a eu la captivité de Napoléon.

Il est des choses caractéristiques et mémorables qui reviennent et se répètent, pour l'enseignement des esprits attentifs, dans les échos profonds de l'histoire. Le mot de Waterloo : *La garde meurt et ne se rend pas*, n'est que l'héroïque traduction du mot de Pavie : *Tout est perdu, fors l'honneur*.

Enfin, outre les rapprochements directs, l'histoire révèle, entre les quatre peuples qui font le sujet de ce paragraphe, je ne sais quels rapports étranges et, pour ainsi parler, diagonaux, qui semblent les lier mystérieusement et qui indiquent au penseur une similitude secrète de conformation et, par conséquent peut-être, de destination. Enregistrons-en ici deux seulement. Le premier va de l'Angleterre à la Turquie : Henri VIII tuait ses femmes comme Mahomet II. La deuxième va de la Russie à l'Espagne : Pierre Ier a tué son fils comme Philippe II.

VIII

La Russie a dévoré la Turquie.

L'Angleterre a dévoré l'Espagne.

C'est, à notre sens, une dernière et définitive assimilation. Un Etat n'en dévore un autre qu'à la condition de le
reproduire.

Il suffit de jeter les yeux sur deux cartes d'Europe dres-
sées à cinquante ans d'intervalle, pour voir de quelle façon irrésistible, lente et fatale la frontière moscovite enva-
hit l'empire ottoman. C'est le sombre et formidable spectacle
d'une immense marée qui monte. A chaque instant et de
toutes parts le flot gagne, la plage disparait. Le flot, c'est
la Russie; la plage, c'est la Turquie. Quelquefois la lame
recule, mais elle surgit de nouveau le moment d'après, et
cette fois elle va plus loin. Une grande partie de la Turquie
est déjà couverte, et on la distingue encore vaguement sous
le débordement russe. Le 20 août 1828, une vague est allée
jusqu'à Andrinople. Elle s'est retirée; mais, lorsqu'elle
reviendra, elle atteindra Constantinople.

Quant à l'Espagne, les dislocations de l'empire romain
et de l'empire carlovingien peuvent seules donner une
idée de ce démembrement prodigieux. Sans compter le

Milanez que l'Autriche a pris, sans compter le Roussillon,
la Franche-Comté, les Ardennes, le Cambrésis et l'Artois,
qui ont fait retour à la France, des morceaux de l'antique
monarchie espagnole il s'est formé en Europe, et encore
laissons-nous en dehors le royaume d'Espagne proprement
dit, quatre royaumes : le Portugal, la Sardaigne, les Deux-
Siciles, la Belgique; en Asie, une vice-royauté, l'Inde,
égale à un empire; et, en Amérique, neuf républiques :
le Mexique, le Guatemala, la Colombie, le Pérou, Bolivia,
le Paraguay, l'Uraguay, la Plata et le Chili. Soit par influence, soit par souveraineté directe, la Grande-Bretagne
possède aujourd'hui la plus grande part de cet énorme hé-
ritage. Elle a à peu près toutes les iles qu'avait l'Espagne
et qui, presque littéralement, étaient innombrables.
Comme nous le disions en commençant, elle a dévoré l'Espagne, de même que l'Espagne avait dévoré le Portugal.
Aujourd'hui, en parcourant du regard les domaines bri-
tanniques, on ne voit que noms portugais et castillans,
Gibraltar, Sierra-Leone, la Ascension, Fernando-Po, las
Mascarenhas, el Cabo Delgado, el Cabo Guardafu, Honduras, las Lucaïas, las Bermudas, la Barbada, la Trinidad,
Tabago, Santa-Margarita, la Granada, San-Cristoforo, An-
tigoa. Partout l'Espagne est visible, partout l'Espagne reparaît. Même sous la pression de l'Angleterre, les frag-
ments de l'empire de Charles-Quint n'ont pas encore perdu
leur forme; et, qu'on nous passe cette comparaison qui
rend notre pensée, on reconnaît toute la monarchie espagnole dans les possessions de la Grande-Bretagne comme
on retrouve un jaguar à demi digéré dans le ventre d'un
boa.

IX

.

Ainsi que nous l'avons indiqué sommairement dans le paragraphe V, les deux grands empires du dix-septième siècle portaient dans leur constitution même les causes de leur décadence. Mais ils vivaient momentanément d'une vie fébrile si formidable, qu'avant de mourir ils eussent pu étouffer la civilisation. Il fallait qu'un fait extérieur considérable donnât aux causes de chute qui étaient en eux le temps de se développer. Ce fait, que nous avons également signalé, c'est la résistance de l'Europe.

Au dix-septième siècle, l'Europe, gardienne de la civilisation, menacée au levant et au couchant, a résisté à la Turquie et à l'Espagne. Au dix-neuvième siècle, l'Europe, replacée par les combinaisons souveraines de la Providence identiquement dans la même situation, doit résister à la Russie et à l'Angleterre.

Maintenant, comment résistera-t-elle? que reste-t-il, à ne l'envisager que sous ce point de vue spécial, de la vieille Europe qui a lutté, et où sont les points d'appui de l'Europe nouvelle?

La vieille Europe, cette citadelle que nous avons tâché de reconstruire par la pensée dans les pages où nous avons

placé notre point de départ, est aujourd'hui à moitié démolie et trouée de toutes parts de brèches profondes.

Presque tous les petits Etats, duchés, républiques ou
villes libres, qui contribuaient à la défense générale, sont
tombés.

La Hollande, trop de fois remaniée, s'est amoindrie.

La Hongrie, devenue le pays de Galles, les Asturies ou
le Dauphiné de l'Autriche, s'est effacée.

La Pologne a disparu.

Venise a disparu.

Gênes a disparu.

Malte a disparu.

Le pape n'est plus que nominal. La foi catholique a
perdu du terrain; perdre du terrain c'est perdre des con-
tribuables. Rome est appauvrie. Or, ses Etats ne suffiraient
pas pour lui donner une armée; elle n'a point d'argent
pour en acheter une, et d'ailleurs nous ne sommes plus
dans le siècle où l'on en vend. Comme prince temporel,
le pape a disparu.

Que reste-t-il donc de tout ce vieux monde? Qui est-ce
qui est encore debout en Europe? Deux nations seulement : la France et l'Allemagne.

Eh bien, cela pourrait suffire. La France et l'Allemagne
sont essentiellement l'Europe. L'Allemagne est le cœur; la
France est la tête.

L'Allemagne et la France sont essentiellement la civilisation. L'Allemagne sent; la France pense.

Le sentiment et la pensée, c'est tout l'homme civilisé.

Il y a entre les deux peuples connexion intime, consan-
guinéité incontestable. Ils sortent des mêmes sources; ils
ont lutté ensemble contre les Romains; ils sont frères
dans le passé, frères dans le présent, frères dans l'avenir.

Leur mode de formation a été le même. Ils ne sont pas

des insulaires, ils ne sont pas des conquérants; ils sont les vrais fils du sol européen.

Le caractère sacré et profond de fils du sol leur est tellement inhérent et se développe en eux si puissamment, qu'il a rendu longtemps impossible, même malgré l'effort des années et la prescription de l'antiquité, leur mélange avec tout peuple envahisseur, quel qu'il fût et de quelque part qu'il vînt. Sans compter les juifs, nation émigrante et non conquérante, qui est d'ailleurs dans l'exception partout, on peut citer, par exemple, des races slaves qui habitent le sol allemand depuis dix siècles et qui n'étaient pas encore allemandes il y a cent cinquante ans. Rien de plus frappant à ce sujet que ce que raconte Tollius. En 1687, il était à la cour de Brandebourg; l'électeur lui dit un jour : « J'ai des Vandales dans mes Etats. Ils habitent « les côtes de la mer Baltique. Ils parlent esclavon, à cause « de l'Esclavonie d'où ils sont venus jadis. Ce sont des « gens fourbes, infidèles, aimant · le changement, sédi- « tieux; ils ont nombre de bourgs de cinq et six cents pè- « res de famille; ils ont en secret un roi de leur nation, « lequel porte sceptre et couronne, et à qui ils payent « chaque année un sesterce par tête. J'ai aperçu une fois « ce roi, qui était un jeune homme bien dispos de corps « et d'esprit; comme je le considérais attentivement, un « vieillard s'en aperçut, entrevit ma pensée, et pour m'en « détourner il tomba à coups de bâton sur ce roi qui était « son roi, et le chassa comme un esclave. Ils ont l'esprit « léger, et reculent, quand on les approche, dans des bois « et des marais inaccessibles; c'est ce qui m'a empêché « d'ouvrir chez eux des écoles; mais j'ai fait traduire dans « leur langue la Bible, les Psaumes et le catéchisme. Ils « ont des armes, mais secrètement. Une fois, ayant avec « moi huit cents grenadiers, je me trouvai tout à coup en « vironné de quatre ou cinq mille Vandales; mes huit

« cents grenadiers eurent grand'peine à les dissiper. »
Après un moment de silence, l'électeur voyant Tollius rê-
veur, ajouta cette parole remarquable : « *Tollius, vous
êtes alchimiste. Il est possible que vous fussiez de l'or avec
du cuivre ; je vous défie de faire un Prussien avec un
Vandale.* »

La fusion était difficile en effet ; pourtant, ce qu'aucun
alchimiste n'eût pu faire, la nationalité allemande, aidée
par la grande clarté du dix-neuvième siècle, finira par
l'accomplir.

A l'heure qu'il est, les mêmes phénomènes constituants
se manifestent en Allemagne et en France. Ce que l'éta-
blissement des départements a fait pour la France, l'u-
nion des douanes le fait pour l'Allemagne ; elle lui donne
l'unité.

Il faut, pour que l'univers soit en équilibre, qu'il y ait
en Europe, comme la double clef de voûte du continent,
deux grands États du Rhin, tous deux fécondés et étroitement unis par ce fleuve régénérateur ; l'un septentrional
et oriental, l'Allemagne, s'appuyant à la Baltique, à l'A-
driatique et à la mer Noire, avec la Suède, le Danemark,
la Grèce et les principautés du Danube pour arcs-boutants ;
l'autre, méridional et occidental, la France, s'appuyant à
la Méditerranée et à l'Océan, avec l'Italie et l'Espagne pour
contre-forts.

Depuis mille ans, la même question s'est déjà présentée
plusieurs fois en d'autres termes, et ce plan a déjà été
essayé par trois grands princes.

D'abord, par Charlemagne. Au huitième siècle, ce n'était
pas les Turcs et les Espagnols, ce n'était pas les Anglais
et les Russes, c'était les Saxons et les Normands Charlemagne construisit son État contre eux. L'empire de Charlemagne est une première épreuve encore vague et confuse,
mais pourtant reconnaissable, de l'Europe que nous venons

d'esquisser, et qui sera un jour, sans nul doute, l'Europe définitive.

Plus tard, par Louis XIV. Louis XIV voulut bâtir l'Etat méridional du Rhin tel que nous l'avons indiqué. Il mit sa famille en Espagne, en Italie et en Sicile, et y appuya la France. L'idée était neuve, mais la dynastie était usée; l'idée était grande, mais la dynastie était petite. Cette disproportion empêcha le succès.

L'œuvre était bonne, l'ouvrier était bon, l'outil était mauvais.

Enfin par Napoléon. Napoléon commença par rétablir, lui aussi, l'Etat méridional du Rhin. Il installa sa famille non-seulement en Espagne, en Lombardie, en Etrurie et à Naples, mais encore dans le duché de Berg et en Hollande, afin d'avoir en bas toute la Méditerranée et en haut tout le cours du Rhin jusqu'à l'Océan. Puis, quand il eut refait ainsi ce qu'avait fait Louis XIV, il voulut refaire ce qu'avait fait Charlemagne. Il essaya de constituer l'Allemagne d'après la même pensée que la France. Il épousa l'Autriche, donna la Westphalie à son frère, la Suède à Bernadotte, et promit la Pologne à Poniatowski. C'est dans cette œuvre immense qu'il rencontra l'Angleterre, la Russie et la Providence, et qu'il se brisa. Les temps n'étaient pas encore venus. S'il eût réussi, le groupe continental était formé.

Peut-être faut-il que l'œuvre de Charlemagne et de Napoléon se refasse sans Napoléon et sans Charlemagne. Ces grands hommes ont peut-être l'inconvénient de trop personnifier l'idée et d'inquiéter par leur entité, plutôt française que germanique, la jalousie des nationalités. Il en peut résulter des méprises, et les peuples en viennent à s'imaginer qu'ils servent un homme et non une cause, l'ambition d'un seul et non la civilisation de tous. Alors ils se détachent. C'est ce qui est arrivé en 1813. Il ne faut pas que ce soit Charlemagne ou Bonaparte qui se défende contre les ennemis de l'Orient ou les ennemis de l'Occident ; il faut que ce soit l'Europe. Quand l'Europe centrale sera constituée, et elle le sera un jour, l'intérêt de tous sera évident ; la France, adossée à l'Allemagne, fera front à l'Angleterre, qui est, comme nous l'avons déjà dit, l'esprit de commerce, et la rejettera dans l'Océan ; l'Allemagne, adossée à la France, fera front à la Russie, qui, nous l'avons dit de même, est l'esprit de conquête, et la rejettera dans l'Asie.

Le commerce est à sa place dans l'Océan.

Quant à l'esprit de conquête, qui a la guerre pour instrument, il retrempe et ressuscite les civilisations mortes, et tue les civilisations vivantes. La guerre est pour les unes la renaissance, pour les autres la fin. L'Asie en a besoin, l'Europe non.

La civilisation admet l'esprit militaire et l'esprit commercial ; mais elle ne s'en compose pas uniquement. Elle les combine dans une juste proportion avec les autres éléments humains. Elle corrige l'esprit guerrier par la sociabilité, et l'esprit marchand par le désintéressement. S'enrichir n'est pas son objet exclusif ; s'agrandir n'est pas son ambition suprême. Eclairer pour améliorer, voilà son but ; et à travers les passions, les préjugés, les illusions, les erreurs et les folies des peuples et des hommes, elle fait le jour par le rayonnement calme et majestueux de la pensée.

Résumons. L'union de l'Allemagne et de la France, ce serait le frein de l'Angleterre et de la Russie, le salut de ''Europe, la paix du monde.

X

C'est ce que la politique anglaise et la politique russe, maîtresses du congrès de Vienne, ont compris en 1815.

Il y avait alors rupture de fait entre la France et l'Allemagne.

Les causes de cette rupture valent la peine d'être rappelées en peu de mots.

Le czar, par enthousiasme pour Bonaparte, avait été un moment Français; mais, voyant Napoléon édifier le nord de l'Europe contre la Russie, il était redevenu Russe. Et, quelle que pût être son amitié d'homme privé pour Alexandre, Napoléon, en fortifiant l'Europe contre les Russes, ne méritait aucun blâme. Il est aussi impossible aux Charlemagne et aux Napoléon de ne pas construire leur Europe d'une certaine façon qu'au castor de ne pas bâtir sa hutte selon une certaine forme et contre un certain vent. Quand il s'agit de la conservation et de la propagation, ces deux grandes lois naturelles, le génie a son instinct aussi sûr, aussi fatal, aussi étranger à tout ce qui n'est pas le but, que l'instinct de la brute. Il le suit; laissez-le faire, et, dans l'empereur comme dans le castor, admirez Dieu.

L'Angleterre, elle, n'avait même pas eu le moment d'il-

lusion d'Alexandre. La paix d'Amiens avait duré le temps
d'un éclair; Fox tout au plus avait été fasciné par Bonaparte. L'Europe de Napoléon était bâtie également et surtout contre elle; aussi, pour s'allier à l'Angleterre, le czar
n'eut qu'à prendre sa main qui était tendue vers lui depuis longtemps. On sait les événements de 1812. L'empereur Napoléon s'appuyait sur l'Allemagne comme sur la
France; mais, harcelé de toutes parts, haï et trahi par les
rois de vieille souche; piqué par la nuée des pamphlets
de Londres comme le taureau par un essaim de frelons,
gêné dans ses moyens d'action, troublé dans son opération
colossale et délicate, il avait fait deux grandes fautes, l'une
au midi, l'autre au nord; il avait froissé l'Espagne et blessé
la Prusse. Il s'ensuivit une réaction terrible et juste sous
quelques rapports. Comme l'Espagne. la Prusse se souleva.
L'Allemagne trembla sous les pieds de l'empereur. Cherchant du talon son point d'appui, il recula jusqu'en France,
où il retrouva la terre ferme. Là, durant trois grands mois, il
lutta comme un géant corps à corps avec l'Europe. Mais
le duel était inégal; ainsi que dans les combats d'Homère,
l'Océan et l'Asie secouraient l'Europe. L'Océan vomissait
les Anglais; l'Asie vomissait les Cosaques. L'empereur
tomba; la France se voila la tête; mais avant de fermer
les yeux, à l'avant-garde des hordes russes, elle reconnut
l'Allemagne.

De là une rupture entre les deux peuples. L'Allemagne
avait sa rancune; la France eut sa colère.

Mais chez des nations généreuses, sœurs par le sang et
par la pensée, les rancunes passent, les colères tombent;
le grand malentendu de 1813 devait finir par s'éclaircir.
L'Allemagne, héroïque dans la guerre, redevient rêveuse
à la paix. Tout ce qui est illustre, tout ce qui est sublime,
même hors de sa frontière, plaît à son enthousiasme sérieux et désintéressé. Quand son ennemi est digne d'elle,

elle le combat tant qu'il est debout; elle l'honore dès qu'il est tombé. Napoléon était trop grand pour qu'elle n'en revînt pas à l'admirer, trop malheureux pour qu'elle n'en vînt pas à l'aimer. Et pour la France, à qui Sainte-Hélène ța serré le cœur, quiconque admire et aime l'empereur est Français. Les deux nations étaient donc invinciblement amenées dans un temps donné à s'entendre et à se réconcilier.

L'Angleterre et la Russie prévirent cet avenir inévitable; et, pour l'empêcher, peu rassurées par la chute de l'empereur, motif momentané de rupture, elles créèrent enre l'Allemagne et la France un motif permanent de haine.

Elles prirent à la France et donnèrent à l'Allemagne la rive gauche du Rhin

---

XI

Ceci était d'une politique profonde.

C'était entamer le grand État méridional du Rhin ébauché par Charlemagne, construit par Louis XIV, complété et restauré par Napoléon. C'était affaiblir l'Europe centrale, lui créer facticement une sorte de maladie chronique, et la tuer peut-être, avec le temps, en lui mettant près du cœur un ulcère toujours douloureux, toujours gangrené. C'était faire brèche à la France, à la vraie France, qui est rhénane comme elle est méditerranéenne; *Francia rhenana*, disent les vieilles chartes carlovingiennes. C'était poster une avant-garde étrangère à cinq journées de Paris. C'était surtout irriter à jamais la France contre l'Allemagne.

Cette politique profonde, qu'on reconnaît dans la conception d'une pareille pensée, se retrouve dans l'exécution.

Donner la rive gauche du Rhin à l'Allemagne, c'était une idée. L'avoir donnée à la Prusse, c'est un chef-d'œuvre.

Chef-d'œuvre de haine, de ruse, de discorde et de calamité; mais chef-d'œuvre. La politique en a comme cela.

La Prusse est une nation jeune, vivace, énergique, spirituelle, chevaleresque, libérale, guerrière, puissante. Peuple d'hier qui a demain. La Prusse marche à de hautes destinées, particulièrement sous son roi actuel, prince grave, noble, intelligent et loyal, qui est digne de donner à son peuple cette dernière grandeur, la liberté. Dans le sentiment vrai et juste de son accroissement inévitable, par un point d'honneur louable, quoique à notre avis mal entendu, la Prusse peut vouloir ne rien lâcher de ce qu'elle a une fois saisi.

La politique anglaise se garda bien de donner cette rive gauche à l'Autriche. L'Autriche évidemment depuis deux siècles décroît et s'amoindrit.

Au dix huitième siècle, époque où Pierre le Grand a fait la Russie, Frédéric le Grand a fait la Prusse; et il l'a faite en grande partie avec des morceaux de l'Autriche.

L'Autriche, c'est le passé de l'Allemagne; la Prusse, c'est l'avenir.

A cela près que la France, comme nous le montrerons tout à l'heure, est à la fois vieille et jeune, ancienne et neuve, la Prusse est en Allemagne ce que la France est en Europe.

Il devrait y avoir entre la France et la Prusse effort cordial vers le même but, chemin fait en commun, accord profond, sympathie. Le partage du Rhin crée une antipathie.

Il devrait y avoir amitié; le partage du Rhin crée une haine.

Brouiller la France avec l'Allemagne, c'était quelque chose; brouiller la France avec la Prusse, c'était tout.

Redisons-le, l'installation de la Prusse dans les provinces rhénanes a été le fait capital du congrès de Vienne. Ce fut la grande adresse de lord Castlereagh et la grande faute de M. de Talleyrand.

XII

Du reste, dans le fatal remaniement de 1815, il n'y a pas eu d'autre idée que celle-là. Le surplus a été fait au hasard. Le congrès a songé à désorganiser la France, non à organiser l'Allemagne.

On a donné des peuples aux princes et des princes aux peuples, parfois sans regarder les voisinages, presque toujours sans consulter l'histoire, le passé, les nationalités, les amours-propres. Car les nations aussi ont leurs amours-propres qu'elles écoutent souvent, disons-le à leur honneur, plus que leurs intérêts.

Un seul exemple, qui est éclatant, suffira pour indiquer de quelle manière s'est fait sous ce rapport le travail du congrès. Mayence est une ville illustre. Mayence, au neuvième siècle, était assez forte pour châtier son archevêque Hatto ; Mayence, au douzième siècle, était assez puissante pour défendre contre l'empereur et l'empire son archevêque Adalbert. Mayence, en 1225, a été le centre de la hanse rhénane et le nœud des cent villes. Elle a été la métropole des minnesænger, c'est-à-dire de la poésie gothique; elle a été le berceau de l'imprimerie, c'est-à-dire de la pensée moderne. Elle garde et montre encore la

maison qu'ont habitée, de 1443 à 1450, Gutenberg, Jean
Fust et Pierre Schœffer, et qu'elle appelle par une magnifique et juste assimilation Dreykœnigshof, la *maison des
trois rois*. Pendant huit cents ans Mayence a été la capitale du premier des électorats germaniques; pendant vingt
ans Mayence a été un des fronts de la France. Le congrès
l'a donnée comme une bourgade à un Etat du cinquième
ordre, à la Hesse.

Mayence avait une nationalité distincte, tranchée, hautaine et jalouse. L'électorat de Mayence pesait en Europe.
Aujourd'hui elle a garnison étrangère. Elle n'est plus
qu'une sorte de corps de garde où l'Autriche et la Prusse
font faction, l'œil fixé sur la France.

Mayence avait gravé en 1135 sur les portes de bronze que
lui avait données Willigis les libertés que lui avait données Adalbert. Elle a encore les portes de bronze, mais
elle n'a plus les libertés.

Dans le plus profond de son histoire, Mayence a des souvenirs romains; le tombeau de Drusus est chez elle. Elle
a des souvenirs français: Pepin, le premier roi de France
qui ait été sacré, a été sacré, en 750, par un archevêque
de Mayence, saint Boniface. Elle n'a point de souvenirs
hessois, à moins que ce ne soit celui-ci : au seizième siècle, son territoire fut ravagé par Jean le Batailleur, land-
grave de Hesse.

Ceci montre comment le congrès de Vienne a procédé.
Jamais opération chirurgicale ne s'est faite plus à l'aventure. On s'est hâté d'amputer la France, de mutiler les
nationalités rhénanes, d'en extirper l'esprit français. On a
violemment arraché des morceaux de l'empire de Napoléon; l'un a pris celui-ci, l'autre celui-là, sans regarder
même si le lambeau par hasard ne souffrait pas, s'il n'é-
tait pas séparé de son centre, c'est-à-dire de son cœur,
s'il pouvait reprendre vie autrement et se rattacher ail-

leurs. On n'a posé aucun appareil, on n'a fait aucune ligature. Ce qui saignait il y a vingt-cinq ans saigne encore.

Ainsi on a donné à la Bavière quelques anneaux de la chaîne des Vosges, vingt-six lieues de long sur vingt et une de large, cinq cent dix-sept mille quatre-vingts âmes, trois morceaux de nos trois départements de la Sarre, du Bas-Rhin et du Mont-Tonnerre. Avec ces trois morceaux la Bavière a fait quatre districts. Pourquoi ces chiffres et pas d'autres ? Cherchez une raison ; vous ne trouvez que le caprice.

On a donné à Hesse-Darmstadt le bout septentrional des Vosges, le nord du département du Mont-Tonnerre, et cent soixante-treize mille quatre cents âmes. Avec ces âmes et ces Vosges, la Hesse a fait onze cantons.

Si l'on promène son regard sur une carte d'Allemagne vers le confluent du Mein et du Rhin, on est agréablement surpris d'y voir s'épanouir une grande fleur à cinq pétales, découpée en 1815 par les ciseaux délicats du congrès. Francfort est le pistil de cette rose. Ce pistil, où vivent en plein développement deux bourgmestres, quarante-deux sénateurs, soixante administrateurs et quatre-vingt-cinq législateurs, contient quarante-six mille habitants, dont cinq mille juifs. Les cinq pétales, peints tous sur la carte de différentes couleurs, appartiennent à cinq Etats différents : le premier est à la Bavière, le deuxième est à Hesse-Cassel, le troisième à Hesse-Hombourg, le quatrième à Nassau, le cinquième à Hesse-Darmstadt.

Etait-il nécessaire d'accommoder et d'envelopper de cette façon une noble ville où il semble, lorsqu'on y est, qu'on sente battre le cœur de l'Allemagne ? Les empereurs y étaient élus et couronnés ; la diète germanique y délibère ; Gœthe y est né.

Lorsqu'il parcourt aujourd'hui les provinces rhénanes,

sur lesquelles rayonnait il n'y a pas trente ans cette puissante homogénéité qui a pénétré si profondément en moins d'un siècle et demi l'antique landgraviat d'Alsace, le voyageur rencontre de temps à autre un poteau blanc et bleu, il est en Bavière ; puis voici un poteau blanc et rouge, il est dans la Hesse ; puis voilà un poteau blanc et noir, il est en Prusse. Pourquoi? Y a-t-il une raison à cela? A-t-on passé une rivière, une muraille, une montagne? A-t-on touché une frontière? Quelque chose s'est-il modifié dans le pays qu'on a traversé? Non. Rien n'a changé que la couleur des poteaux. Le fait est qu'on n'est ni en Prusse, ni dans la Hesse, ni en Bavière ; on est sur la rive gauche du Rhin, c'est-à-dire en France, comme sur la rive droite on est en Allemagne.

Insistons donc sur ce point, l'arrangement de 1815 a été une répartition léonine. Les rois ne se sont dit qu'une chose : *Partageons*. — Voici la robe de Joseph, déchirons-la, et que chacun garde ce qui lui restera aux mains. — Ces pièces sont aujourd'hui cousues au bas de chaque État ; on peut les voir ; jamais loques plus bizarrement déchiquetées n'ont traîné sur une mappemonde. Jamais haillons ajustés bout à bout par la politique humaine n'ont caché et travesti plus étrangement les éternels et divins compartiments des fleuves, des mers et des montagnes.

Et, tôt ou tard les nobles nations du Rhin y réfléchiront, c'est d'elles que le congrès s'est le moins préoccupé. On a pu entrevoir dans ces quelques lignes nécessairement sommaires avec quel dédain le congrès a traité l'histoire, le passé, les affinités géographiques et commerciales, tout ce qui constitue l'entité des nations. Chose remarquable, on distribuait des peuples et l'on ne songeait pas aux peuples. On s'agrandissait, on s'arrondissait, on s'étendait, voilà tout. Chacun payait ses dettes avec un peu de la France. On faisait des concessions viagères et des concessions à réméré. On s'accommodait entre soi. Tel prince demandait des arrhes : on lui donnait une ville ; tel autre réclamait un appoint : on lui jetait un village.

Mais sous cette légèreté apparente, nous l'avons indiqué, il y avait une pensée profonde, une pensée anglaise et russe qui s'exécutait, disons-le, aussi bien aux dépens de l'Allemagne qu'aux dépens de la France. Le Rhin est le fleuve qui doit les unir ; on en a fait le fleuve qui les divise.

XIII

Cette situation évidemment est factice, violente, contre nature, et par conséquent momentanée. Le temps ramène tout à l'équation; la France reviendra à sa forme normale et à ses proportions nécessaires. A notre avis, elle doit et elle peut y revenir pacifiquement, par la force des choses combinée avec la force des idées. A cela pourtant il y a deux obstacles :

Un obstacle matériel;

Un obstacle moral.

XIV

L'obstacle matériel, c'est la Prusse.

Nous ne reviendrons pas sur ce que nous avons déjà
dit à ce sujet. Il est impossible pourtant que dans un temps
donné la Prusse ne reconnaisse pas trois choses :

La première, c'est que, le caractère personnel des princes toujours laissé hors de question, l'alliance russe n'est
pas et ne peut pas être un fait simple et clair pour un
Etat de l'Europe centrale. Ce sont là des rapprochements
dont l'arrière-pensée est transparente. Entre royaumes et
entre peuples on peut s'aimer de beaucoup de façons. La
Russie aime l'Allemagne comme l'Angleterre aime le Portugal et l'Espagne, comme le loup aime le mouton.

La deuxième, c'est que, malgré tous les efforts de la
Prusse depuis vingt-cinq ans, malgré force concessions de
bien-être, comme l'abaissement des taxes sur le tabac, le
houblon et le vin, si paternel qu'ait été son gouvernement, et nous le reconnaissons, la rive gauche du Rhin
est restée française; tandis que la rive droite, naturellement et nécessairement allemande, est devenue tout de
suite prussienne. Parcourez la rive droite, entrez dans les
auberges, dans les tavernes, dans les boutiques; partout

vous verrez le portrait du grand Frédéric et la bataille de
Rosbach accrochés au mur. Parcourez la rive gauche, vi-
sitez les mêmes lieux, partout vous y trouverez Napoléon
et Austerlitz, protestation muette. La liberté de la presse
n'existe pas dans les possessions prussiennes, mais la liberté de la muraille y existe encore, et elle suffit, comme
on voit, pour rendre publiques les pensées secrètes.

En troisième lieu, la Prusse remarquera que son Etat,
tel que les congrés l'ont coupé, est mal fait. Qu'est-ce en
effet que la Prusse aujourd'hui? Trois îles en terre ferme.
Chose bizarre à dire, mais vraie. Le Rhin, et surtout le
défaut de sympathie et d'unité, divisent en deux le grand-
duché du Bas-Rhin, qui est lui-même séparé de la vieille
Prusse par un détroit où passe un bras de la confédération germanique et où le Hanovre et la Hesse électorale
font leur jonction. Entre les deux points les plus rappro-
chés de ce détroit, Liebenau et Wilzenhs, est précisément
situé Cassel, comme pour interdire toute communication.
Etrange sujétion presque absurde à exprimer, le roi de
Prusse ne peut aller chez lui sans sortir de chez lui.

Il est évident que ceci encore n'est qu'une situation
provisoire.

La Prusse, disons-le-lui à elle-même, tend à devenir et
deviendra un grand royaume homogène, lié dans toutes
ses parties, puissant sur terre et sur mer. A l'heure qu'il
est la Prusse n'a de ports que sur la Baltique, mer dont la
profondeur n'atteint pas les huit cents pieds du lac de
Constance, mer plus facile à fermer encore que la Méditerranée et qui n'a pas, comme la Méditerranée, l'inap-
préciable avantage d'être le bassin même de la civilisation. Un peuple enfermé dans la Méditerranée a pu devenir
Rome. Que deviendrait un peuple enfermé dans la Baltique? Il faut à la Prusse des ports sur l'Océan.

Nul n'a le secret de l'avenir, et Dieu seul, de son doigt

inflexible, avance, recule, ou efface souverainement les
lignes vertes et rouges que les hommes tracent sur les
mappemondes. Mais dès à présent on peut le constater,
car une partie en est déjà visible, le travail divin se fait.
Dès à présent la Providence remet en ordre, avec sa len-
teur infaillible et majestueuse, ce qu'ont dérangé les con
grès. En séparant, par l'avénement béni d'une jeune fille,
la couronne de Hanovre de la couronne d'Angleterre, en
isolant le petit royaume du grand, en frappant de diverses
incapacités morales et physiques, on pourrait dire de tous
les aveuglements à la fois, la branche de Brunswick restée allemande ou redevenue allemande, c'est-à-dire en la marquant
pour une extinction prochaine, il semble qu'elle laisse déjà
entrevoir son moyen et son but : le Hanovre à la Prusse et
le Rhin à la France.

Quand nous disons le Rhin, nous entendons la rive gauche. Or la Prusse a plus de rive droite que de rive gauche,
et elle gardera la rive droite.

Pour le Hanovre, l'incorporation à la Prusse, c'est un
grand pas vers la liberté, la dignité et la grandeur. Pour
la Prusse, la possession du Hanovre, c'est d'abord l'homogénéité du territoire, la suppression du détroit et de
l'obstacle, la jonction du duché du Rhin à la vieille Prusse ;
ensuite, c'est l'absorption inévitable de Hambourg et
d'Oldenbourg, c'est l'Océan ouvert, la navigation libre, la
possibilité d'être aussi puissante par la marine que par
l'armée.

Qu'est-ce que la rive gauche du Rhin à côté de tout
cela ?

Quant à l'Allemagne proprement dite, c'est dans les
principautés du Danube que sont ses compensations futures. N'est-il pas évident que l'empire ottoman diminue et
s'atrophie pour que l'Allemagne s'agrandisse ?

XV

L'obstacle moral, c'est l'inquiétude que la France éveille en Europe.

La France, en effet, pour le monde entier, c'est la pensée, c'est l'intelligence, la publicité, le livre, la presse, la tribune, la parole ; c'est la langue, la pire des choses, dit Esope ; — la meilleure aussi.

Pour apprécier quelle est l'influence de la France dans l'atmosphère continentale et quelle lumière et quelle chaleur elle y répand, il suffit de comparer à l'Europe d'il y a deux cents ans, dont nous avons crayonné le tableau en commençant, l'Europe d'aujourd'hui.

S'il est vrai que le progrès des sociétés soit, et nous le croyons fermement, de marcher par des transformations lentes, successives et pacifiques, du gouvernement d'un seul au gouvernement de plusieurs et du gouvernement de plusieurs au gouvernement de tous ; si cela est vrai, au premier aspect il semble évident que l'Europe, loin d'avancer, comme les bons esprits le pensent, a rétrogradé.

En effet, sans même pour l'instant faire figurer dans ce calcul les monarchies secondaires de la confédération germanique, et en ne tenant compte que des Etats absolument indépendants, on se souvient qu'au dix-septième siècle il n'y avait en Europe que douze monarchies héréditaires ; il y en a dix-sept maintenant.

Il y avait cinq monarchies électives ; il n'y en a plus qu'une, le Saint-Siége.

Il y avait huit républiques ; il n'y en a plus qu'une, la Suisse.

La Suisse, il faut d'ailleurs l'ajouter, n'a pas seulement survécu, elle s'est agrandie. De treize cantons elle est montée à vingt-deux. Disons-le en passant, — car, si nous insistons sur les causes morales, nous ne voulons pas omettre les causes physiques, — toutes les républiques qui ont disparu étaient dans la plaine ou sur la mer; la seule qui soit restée était dans la montagne. Les montagnes conservent les républiques. Depuis cinq siècles, en dépit des assauts et des ligues, il y a trois républiques montagnardes dans l'ancien continent : une en Europe, la Suisse, qui tient les Alpes; une en Afrique, l'Abyssinie (1), qui tient les montagnes de la Lune; une en Asie, la Circassie, qui tient le Caucase.

Si, après l'Europe, nous examinons la confédération germanique, ce microcosme de l'Europe, voici ce qui apparaît : à part la Prusse et l'Autriche, qui comptent parmi les grandes monarchies indépendantes, les six principaux États de la confédération germanique sont : la Bavière, le Wurtemberg, la Saxe, le Hanovre, la Hesse et Bade. De ces six États, les quatre premiers étaient des duchés, ce sont aujourd'hui des royaumes; les deux derniers étaient, la Hesse un landgraviat, et Bade un margraviat; ce sont aujourd'hui des grands-duchés.

Quant aux États électifs et viagers du corps germanique,

_____

(1) Les Abyssins repoussent comme injurieux le nom d'*Abyssins*. Ils s'appellent *Agassiens*, ce qui signifie *libres*.

ils étaient nombreux et comprenaient une foule de principautés ecclésiastiques; tous ont cessé d'exister, et à leur
tête se sont éclipsés pour jamais les trois grands électorats
archiépiscopaux du Rhin.

Si nous passons aux États populaires, nous trouvons
ceci : il y avait en Allemagne soixante-dix villes libres; il
n'y en a plus que quatre : Francfort-sur-le-Mein, Hambourg, Lubeck et Brême.

Et qu'on le remarque bien, pour faire ce rapprochement
nous ne nous sommes pas mis dans les conditions les plus
favorables à ce que nous voulions démontrer, car si au
lieu de 1630 nous avions choisi 1650, par exemple, nous
aurions pu retrancher aux États monarchiques et ajouter
aux États démocratiques du dix-septième siècle la république anglaise, qui a disparu aujourd'hui comme les autres.

Poursuivons.

Des cinq monarchies électives, deux étaient de premier
rang, Rome et l'Empire. La seule qui reste maintenant,
Rome, est tombée au troisième rang.

Des huit républiques, une, Venise, était une puissance
de second rang. La seule qui subsiste de nos jours, la
Suisse, est, comme Rome, un État de troisième ordre.

Les cinq grandes puissances actuellement dirigeantes, la
France, la Prusse, l'Autriche, la Russie et l'Angleterre,
sont toutes des monarchies héréditaires.

Ainsi, d'après cette confrontation surprenante, qui a
gagné du terrain? la monarchie. Qui en a perdu? la démocratie.

Voilà les faits.

Eh bien, les faits se trompent. Les faits ne sont que
des apparences. Le sentiment profond et unanime des
nations dément les faits et dit que c'est le contraire qui est
vrai.

La monarchie a reculé, la démocratie a avancé.

Pour que le côté libéral de la constitution de la vieille Europe non-seulement n'ait rien perdu, mais encore ait prodigieusement gagné, malgré la multiplication et l'accroissement des royautés, malgré la chute de tous les États viagers et, en quelque sorte, présidentiels de l'Allemagne, malgré la disparition de quatre grandes monarchies électives sur cinq, de sept républiques sur huit et de soixante-six villes libres sur soixante-dix, il suffit d'un fait : la France a passé de l'état de monarchie pure à l'état de monarchie populaire.

Ce n'est qu'un pas, mais ce pas est fait par la France ; et, dans un temps donné, tous les pas que fait la France, le monde les fera. Ceci est tellement vrai, que, lorsqu'elle se hâte, le monde se révolte contre elle et la prend à partie, trouvant plus facile encore de la combattre que de la suivre. Aussi la politique de la France doit-elle être une politique conductrice et toujours se résumer en deux mots : ne jamais marcher assez lentement pour arrêter l'Europe, ne jamais marcher assez vite pour empêcher l'Europe de rejoindre.

Le tableau que nous venons de dresser dans les quelques pages qui précèdent prouve encore, et prouve souverainement ceci : c'est que les mots ne sont rien, c'est que les idées sont tout. A quoi bon batailler en effet pour ou contre le mot *république*, par exemple, lorsqu'il est démontré que sept républiques, quatre États électifs et soixante-six villes franches tiennent moins de place dans la civilisation européenne qu'une idée de liberté semée par la France à tous les vents !

En effet, les États nuisent ou servent à la civilisation, non par le nom qu'ils portent, mais par l'exemple qu'ils donnent. Un exemple est une proclamation.

Or quel est l'exemple que donnaient les républiques disparues, et quel est l'exemple que donne la France?

Venise aimait passionnément l'égalité. Le doge n'avait que sa voix au sénat. La police entrait chez le doge comme chez le dernier citoyen, et, masquée, fouillait ses papiers en sa présence sans qu'il osât dire un mot. Les parents du doge étaient suspects à la république par cela seul qu'ils étaient parents du doge. Les cardinaux vénitiens lui étaient suspects comme princes étrangers. Catherine Cornaro, reine à Chypre, n'était à Venise qu'une dame de Venise. La république avait proscrit les titres héraldiques. Un jour un sénateur, nommé par l'empereur comte du Saint-Empire, fit sculpter en pierre sur le fronton de sa porte une couronne comtale au-dessus de son blason. Le lendemain matin la couronne avait disparu. Le conseil des Dix l'avait fait briser pendant la nuit à coups de marteau. Le sénateur dévora l'affront et fit bien. Sous François Foscari, quand le roi de Dacie vint séjourner à Venise, la république lui donna rang de citoyen; rien de plus. Jusqu'ici tout va d'accord, et l'égalité la plus jalouse n'aurait rien à reprendre. Mais au-dessous des citoyens il y avait les citadins. Les citoyens, c'était la noblesse; les citadins, c'était le peuple. Or les citadins, c'est-à-dire le peuple, n'avaient aucun droit. Leur magistrat suprême, qui s'appelait le chancelier des citadins et qui était une façon de doge plébéien, n'avait rang que fort loin après le dernier des nobles. Il y avait entre le bas et le haut de l'État une muraille infranchissable, et en aucun cas la citadinance ne menait à la seigneurie. Une fois seulement, au quatorzième siècle, trente bourgeois opulents se ruinèrent presque pour sauver la république et obtinrent en récompense, ou, pour mieux dire, en payement, la noblesse; mais cela fit presque une révolution; et ces trente noms, aux yeux des patriciens purs, ont été jusqu'à nos jours les trente

taches du livre d'or. La seigneurie déclarait ne devoir au
peuple qu'une chose, le pain à bon marché. Joignez à cela
le carnaval de cinq mois, et Juvénal pourra dire : *Panem
et circenses*. Voilà comment Venise comprenait l'égalité.
— Le droit public français a aboli tout privilége. Il a proclamé la libre accessibilité de toutes les aptitudes à tous
les emplois, et cette parité du premier comme du dernier
regnicole devant le droit politique est la seule vraie, la
seule raisonnable, la seule absolue. Quel que soit le hasard
de la naissance, elle extrait de l'ombre, constate et con-
sacre les supériorités naturelles, et par l'égalité des conditions elle met en saillie l'inégalité des intelligences.

Dans Gênes comme dans Venise il y avait deux Etats :
la grande république, régie par ce qu'on appelait le Palais,
c'est-à-dire par le doge et l'aristocratie; la petite république, régie par l'office de Saint-Georges. Seulement, au
contraire de Venise, mainte fois la république d'en bas
gênait, entravait, et même opprimait la république d'en
haut. La communauté de Saint-Georges se composait de
tous les créanciers de l'Etat, qu'on nommait les prêteurs.
Elle était puissante et avare et rançonnait fréquemment la
seigneurie. Elle avait prise sur toutes les gabelles, part à
tous les priviléges, et possédait exclusivement la Corse,
qu'elle gouvernait rudement. Rien n'est plus dur qu'un
gouvernement de nobles, si ce n'est un gouvernement de
marchands. Prise absolument et en elle-même, Gênes était
une nation de débiteurs menée par une nation de créanciers. A Venise, l'impôt pesait surtout sur la citadinance;
à Gênes il écrasait souvent la noblesse. — La France, qui
a proclamé l'égalité de tous devant la loi, a aussi proclamé
l'égalité de tous devant l'impôt. Elle ne souffre aucun
compartiment dans la caisse de l'Etat. Chacun y verse et
y puise. Et ce qui prouve la bonté du principe, de même
que son égalité politique respecte l'inégalité des intelli-

gences, son égalité devant l'impôt respecte l'inégalité des fortunes.

A Venise, l'Etat vendait les offices, et moyennant un droit qu'on appelait *dépôt de conseil*, les mineurs pouvaient entrer, siéger et voter avant l'âge dans les assemblées. — La France a aboli la vénalité des fonctions publiques.

A Venise le silence régnait. — En France la parole gouverne.

A Gênes, la justice était rendue par une rote toujours composée de cinq docteurs étrangers. A Lucques, la rote ne contenait que trois docteurs, le premier était podestat, le second juge civil, le troisième juge criminel; et non-seulement ils devaient être étrangers, mais encore il fallait qu'ils fussent nés à plus de cinquante milles de Lucques. — La France a établi, en principe et en fait, que la seule justice est la justice du pays.

A Gênes, le doge était gardé par cinq cents Allemands. à Venise, la république était défendue en terre ferme par une armée étrangère, toujours commandée par un général étranger; à Raguse, les lois étaient placées sous la protection de cent Hongrois, menés par leur capitaine, lesquels servaient aux exécutions; à Lucques, la seigneurie était protégée dans son palais par cent soldats étrangers, qui, comme les juges, ne pouvaient être nés à moins de cinquante milles de la cité. — La France met le prince, le gouvernement et le droit public sous la protection des gardes nationales. Les anciennes républiques semblaient se défier d'elles-mêmes. La France se fie à la France.

A Lucques, il y avait une inquisition de la vie privée, qui s'intitulait *conseil des discoles*. Sur une dénonciation jetée dans la boîte du conseil, tout citoyen pouvait être déclaré discole, c'est-à-dire homme de mauvais exemple, et banni pour trois ans, sous peine de mort en cas de rupture de ban. De là, des abus sans nombre. — La France a aboli tout ostracisme. La France mure la vie privée.

En Hollande, l'exception régissait tout. Les Etats votaient par province et non par tête. Chaque province avait ses lois spéciales, féodales en West-Frise, bourgeoises à Groningue, populaires dans les Ommelandes. Dans la province de Hollande, dix-huit villes seulement (1) avaient droit d'être consultées pour les affaires générales et ordinaires de la république; sept autres (2) pouvaient être admises à donner leur avis, mais uniquement lorsqu'il s'agissait de la paix ou de la guerre, ou de la réception d'un nouveau prince. Ces vingt-cinq exceptées, aucune des autres villes n'était consultée, celles-là parce qu'elles appartenaient à des seigneurs particuliers, celles-ci parce qu'elles n'étaient pas villes fermées. Trois villes impériales, battant monnaie, gouvernaient l'Ower-Yssel, chacune avec une prérogative inégale; Deventer était la première, Campen la seconde, et Zwol la troisième. Les villes et les villages du duché de Brabant obéissaient aux états généraux sans avoir le droit d'y être représentés.—En France, la loi est une pour toutes les cités comme pour tous les citoyens.

Genève était protestante, mais Genève était intolérante. Le petillement sinistre des bûchers accompagnait la voix querelleuse de ses docteurs. Le fagot de Calvin s'allumait aussi bien et flambait aussi clair à Genève que le fagot de Torquemada à Madrid. — La France professe, affirme et pratique la liberté de conscience.

(1) Dordrecht, Harlem, Delft, Leyde, Amsterdam, Goude, Rotterdam, Gorcum, Schiedam, Schoonhewe, Briel, Alcmar, Hoorne, Inchuisem, Edam, Monickendam, Medemblyck, et Purmeseyude.

(2) Woordem, Oudewater, Ghertruydenberg, Heusden, Naerden, Weesp, et Muyden.

Qui le croirait? la Suisse, en apparence populaire et paysanne, était un pays de privilége, de hiérarchie et d'inégalité. La république était partagée en trois régions. La première région comprenait les treize cantons et avait la souveraineté. La deuxième région contenait l'abbé et la ville de Saint-Gall, les Grisons, les Valaisans, Richterschwyl, Biel et Mulhausen. La troisième région englobait sous une sujétion passive les pays conquis, soumis ou achetés. Ces pays étaient gouvernés de la façon la plus inégale et la plus singulière. Ainsi Bade en Argovie, acquise en 1415, et la Turgovie, acquise en 1460, appartenaient aux huit premiers cantons. Les sept premiers cantons régissaient exclusivement les Libres Provinces prises en 1415 et Sargans vendu à la Suisse en 1483 par le comte Georges de Werdenberg. Les trois premiers cantons étaient suzerains de Bilitona et de Bellinzona. [Ragatz, Lugano, Locarno, Mendrisio, le Val-Maggia, donnés à la Confédération en 1513 par François Sforce, duc de Milan, obéissaient à tous les cantons, Appenzell excepté. — La France n'admet pas de hiérarchie entre les parties du territoire. L'Alsace est égale à la Touraine, le Dauphiné est aussi libre que le Maine, la Franche-Comté est aussi souveraine que la Bretagne, et la Corse est aussi française que l'Ile-de-France.

On le voit, et il suffit pour cela d'examiner la comparaison que nous venons d'ébaucher, les anciennes républiques exprimaient des généralités locales; la France exprime des idées générales.

Les anciennes républiques représentaient des intérêts. La France représente des droits.

Les anciennes républiques, venues au hasard, étaient le fruit tel quel de l'histoire, du passé et du sol. La France modifie et corrige l'arbre, et sur un passé qu'elle subit greffe un avenir qu'elle choisit.

L'inégalité entre les individus, entre les villes, entre
les provinces, l'inquisition sur la conscience, l'inquisition
sur la vie privée, l'exception dans l'impôt, la vénalité des
charges, la division par castes, le silence imposé à la pensée, la défiance faite loi de l'Etat, une justice étrangère
dans la cité, une armée étrangère dans le pays, voilà ce
qu'admettaient, selon le besoin de leur politique ou de
leurs intérêts, les anciennes républiques. — La nation
une, le droit égal, la conscience inviolable, la pensée reine,
le privilége aboli, l'impôt consenti, la justice nationale,
l'armée nationale, voilà ce que proclame la France.

Les anciennes républiques résultaient toujours d'un cas
donné, souvent unique, d'une coïncidence de phénomènes,
d'un arrangement fortuit d'éléments disparates, d'un accident; jamais d'un système. La France croit en même
temps qu'elle est; elle discute sa base et la critique, et
l'éprouve assise par assise; elle pose des dogmes et en
conclut l'état; elle a une foi, l'amélioration; un culte, la
liberté; un évangile, le vrai en tout. Les républiques disparues vivaient petitement et sobrement dans leur chétif
ménage politique; elles songeaient à elles et rien qu'à
elles; elles ne proclamaient rien, elles n'enseignaient
rien; elles ne gênaient ni n'enlaidissaient aucun despotisme par le voisinage de leur liberté; elles n'avaient rien
en elles qui pût aller aux autres nations. La France, elle,
stipule pour le peuple et pour tous les peuples, pour
l'homme et pour tous les hommes, pour la conscience et
pour toutes les consciences. Elle a ce qui sauve les nations,
l'unité; elle n'a pas ce qui les perd, l'égoïsme. Pour elle,
conquérir des provinces, c'est bien; conquérir des esprits,
c'est mieux. Les républiques du passé, crénelées dans leur
coin, faisaient toutes quelque chose de limité et de spécial;
leur forme, insistons sur ce point, était inapplicable à
autrui; leur but ne sortait point d'elles-mêmes. Celle-ci

construisait une seigneurie, celle-là une bourgeoisie, cette autre une commune, cette dernière une boutique. La France construit la société humaine.

Les anciennes républiques se sont éclipsées. Le monde s'en est à peine aperçu. Le jour où la France s'éteindrait, le crépuscule se ferait sur la terre.

Nous sommes loin de dire pourtant que les anciennes républiques furent inutiles au progrès de l'Europe, mais il est certain que la France est nécessaire.

Pour tout résumer, en un mot, des anciennes républiques il ne sortait que des faits ; de la France il sort des principes.

Là est le bienfait. Là aussi est le danger.

De la mission même que la France s'est donnée, c'est-à-dire, selon nous, a reçue d'en haut, il résulte plus d'un péril, surtout plus d'une alarme.

L'extrème largeur des principes français fait que les autres peuples peuvent vouloir se les essayer. Etre Venise, cela ne tenterait aucune nation ; être la France, cela les tenterait toutes. De là dés entreprises éventuelles que redoutent les couronnes.

La France parle haut, et toujours, et à tous. De là un grand bruit qui fait veiller les uns, de là un grand ébranlement qui fait trembler les autres.

Souvent ce qui est promesse aux peuples semble menace aux princes.

Souvent aussi qui proclame déclame.

La France propose beaucoup de problèmes à la méditation des penseurs. Mais ce qui fait méditer les penseurs fait aussi songer les insensés.

Parmi ces problèmes, il y en a quelques-uns que les esprits puissants et vrais résolvent par le bon sens ; il y en a d'autres que les esprits faux résolvent par le sophisme ;

il y en a d'autres que les esprits farouches résolvent par l'émeute, le guet-apens ou l'assassinat.

Et puis, — et ceci d'ailleurs est l'inconvénient des théories, — on commence par nier le privilége, et l'on a raison tout à fait; puis on nie l'hérédité, et l'on n'a plus raison qu'à demi; puis on nie la propriété, et l'on n'a plus raison du tout; puis on nie la famille, et l'on a complétement tort; puis on nie le cœur humain, et l'on est monstrueux. Même, en niant le privilége, on a eu tort de ne point distinguer tout d'abord entre le privilége institué dans l'intérêt de l'individu, celui-là est mauvais, et le privilége institué dans l'intérêt de la société, celui-ci est bon. L'esprit de l'homme, mené par cette chose aveugle qu'on appelle la logique, va volontiers du général à l'absolu, et de l'absolu à l'abstrait. Or, en politique, l'abstrait devient aisément féroce. D'abstraction en abstraction on devient Néron ou Marat. Dans le demi-siècle qui vient de s'écouler, la France, car nous ne voulons rien atténuer, a suivi cette pente, mais elle a fini par remonter vers le vrai. En 89 elle a rêvé un paradis, en 93 elle a réalisé un enfer; en 1800 elle a fondé une dictature, en 1815 une restauration, en 1830 un Etat libre. Elle a composé cet Etat libre d'élection et d'hérédité; elle a dévoré toutes les folies avant d'arriver à la sagesse; elle a subi toutes les révolutions avant d'arriver à la liberté. Or à sa sagesse d'aujourd'hui on reproche ses folies d'hier; à sa liberté on reproche ses révolutions.

Qu'on nous permette ici une digression, qui d'ailleurs va indirectement à notre but. Tout ce qu'on reproche à la France, tout ce que la France a fait, l'Angleterre l'avait fait avant elle. — Seulement, — est-ce pour ce motif qu'on ne reproche rien à celle-là? — les principes qui ont surgi de la révolution anglaise sont moins féconds que ceux qui se sont dégagés de la révolution française. L'une, égoïste comme toutes ces autres républiques qui sont mortes, n'a stipulé que pour le peuple anglais; l'autre, nous l'avons dit tout à l'heure, a stipulé pour l'humanité tout entière.

Du reste, le parallèle est favorable à la France. Les massacres du Connaught dépassent 93. La révolution anglaise a eu plus de puissance pour le mal que la nôtre et moins de puissance pour le bien; elle a tué un plus grand roi et produit un moins grand homme. On admire Charles Iᵉʳ, on ne peut que plaindre Louis XVI. Quant à Cromwell, l'enthousiasme hésite devant ce grand homme difforme. Ce qu'il a de Scarron gâte ce qu'il a de Richelieu; ce qu'il a de Robespierre gâte ce qu'il a de Napoléon.

On pourrait dire que la révolution britannique est circonscrite dans sa portée et dans son rayonnement par la mer, comme l'Angleterre elle-même. La mer isole les idées et les événements comme les peuples. Le protectorat de 1657 est à l'empire de 1811 dans la proportion d'une île à un continent.

Si frappantes que fussent, au milieu même du dix-septième siècle, ces aventures d'une puissante nation, les contemporains y croyaient à peine. Rien de précis ne se dessinait dans cet étrange tumulte. Les peuples de ce côté du détroit n'entrevoyaient les grandes et fatales figures de la révolution anglaise que derrière l'écume des falaises et les brumes de l'Océan. La sombre et orageuse tragédie où étincelaient l'épée de Cromwell et la hache de Hewlet n'apparaissait aux rois du continent qu'à travers l'éternel rideau de tempêtes que la nature déploie entre l'Angleterre et l'Europe. A cette distance et dans ce brouillard, ce n'étaient plus des hommes, c'étaient des ombres.

Chose bien digne de remarque et d'insistance, dans l'espace d'un demi-siècle deux têtes royales ont pu tomber en Angleterre, l'une sous un couperet royal, l'autre sur un échafaud populaire, sans que les têtes royales d'Europe en fussent émues autrement que de pitié. Quand la tête de Louis XVI tomba à Paris, la chose parut toute nouvelle et l'attentat sembla inouï. Le coup frappé par la main vile de Marat et de Couthon retentit plus avant dans la terreur des rois que les deux coups frappés par le bras souverain d'Elisabeth et par le bras formidable de Cromwell. Il serait presque exact de dire que, pour le monde, ce qui ne s'est pas fait en France ne s'est pas encore fait.

1587 et 1649, deux dates pourtant bien lugubres, sont comme si elles n'étaient pas et disparaissent sous le flamboiement hideux de ces quatre chiffres sinistres : 1793.

Il est certain, quant à l'Angleterre, que le *penitus toto divisos orbe Britannos* a été longtemps vrai. Jusqu'à un certain point il l'est encore. L'Angleterre est moins près du continent qu'elle ne le croit elle-même. Le roi Canut le Grand, qui vivait au onzième siècle, semble à l'Europe aussi lointain que Charlemagne. Pour le regard, les chevaliers de la Table Ronde reculent dans les brouillards du moyen âge preque au même plan que les paladins. La renommée de Shakspeare a mis cent quarante ans à traverser le détroit. De nos jours, quatre cents enfants de Paris, silencieusement amoncelés comme les mouches d'octobre dans les angles noirs de la vieille Porte-Saint-Martin et piétinant sur le pavé pendant trois soirées, troublent plus profondément l'Europe que tout le sauvage vacarme des élections anglaises.

Il y a donc dans la peur que la France inspire aux princes européens un effet d'optique et un effet d'acoustique, double grossissement dont il faudrait se défier. Les rois ne voient point la France telle qu'elle est. L'Angleterre fait du mal; la France fait du bruit.

Les diverses objections qu'on oppose en Europe, depuis 1830 surtout, à l'esprit français doivent, à notre avis, être toutes abordées de front, et pour notre part nous ne

reculerons devant aucuné. Au. dix-neuvième siècle, nous
le proclamons avec joie et avec orgueil, le but de la
France, c'est le peuple, c'est l'élévation graduelle des intelligences, c'est l'adoucissement progressif du sort des
classes nombreuses et affligées, c'est le présent amélioré
par l'éducation des hommes, c'est l'avenir assuré par l'é-
ducation des enfants. Voilà, certes, une sainte et illustre
mission. Nous ne nous dissimulons pas pourtant qu'à cette
heure une portion du peuple, à coup sûr la moins digne et
peut-être la moins souffrante, semble agitée de mauvais
instincts; l'envie et la jalousie s'y éveillent; le paresseux
d'en bas regarde avec fureur l'oisif d'en haut, auquel il
ressemble pourtant; et, placée entre ces deux extrêmes
qui se touchent plus qu'ils ne le croient, la vraie société,
la grande société qui produit et qui pense paraît menacée
dans le conflit. Un travail souterrain de haine et de colère
se fait dans l'ombre, de temps en temps de graves symptô-
mes éclatent, et nous ne nions pas que les hommes sages,
aujourd'hui si affectueusement inclinés sur les classes
souffrantes, ne doivent mêler peut-être quelque défiance
à leur sympathie. Selon nous, c'est le cas de surveiller,
ce n'est point le cas de s'effrayer. Ici encore, qu'on y songe
bien, dans tous ces faits dont l'Europe s'épouvante et
qu'elle déclare inouïs, il n'y a rien de nouveau. L'Angleterre avait eu avant nous des révolutionnaires; l'Allemagne, qu'elle nous permette de le lui dire, avait eu avant
nous des communistes. Avant la France, l'Angleterre avait
décapité la royauté; avant la France, la Bohême avait nié
la société. Les Hussites, j'ignore si nos sectaires contemporains le savent, avaient pratiqué dès le quinzième siècle
toutes leurs théories. Ils arboraient deux drapeaux : sur
l'un ils avaient écrit : *Vengeance du petit contre le grand!*
et ils attaquaient ainsi l'ordre social momentané; sur l'autre ils avaient écrit : *Réduire à cinq toutes les villes de la*

terre! et ils attaquaient ainsi l'ordre social éternel. On
voit que, par l'idée, ils étaient aussi « avancés » que ce
qu'on appelle aujourd'hui les communistes ; par l'action,
voici où ils en étaient : — ils avaient chassé un roi, Sigismond, de sa capitale, Prague ; ils étaient maîtres d'un
royaume, la Bohême ; ils avaient un général homme de
génie, Ziska ; ils avaient bravé un concile, celui de Bâle,
en 1431, et huit diètes, celle de Brinn, celle de Vienne,
celle de Presbourg, les deux de Francfort et les trois de
Nuremberg ; ils avaient tenu eux-mêmes une diète à
Czaslau, déposé solennellement un roi et créé une régence ;
ils avaient affronté deux croisades suscitées contre eux
par Martin V ; ils épouvantaient l'Europe à tel point qu'on
avait établi contre eux un conseil permanent à Nuremberg,
une milice perpétuelle commandée par l'électeur de Brandebourg, une paix générale qui permettait à l'Allemagne
de réunir toutes ses forces pour leur extermination, et un
impôt universel, le *denier commun*, que le prince souverain payait comme le paysan. La terreur de leur approche
avait fait transporter la couronne de Charlemagne et les
joyaux de l'empire de Carlstein à Bude, et de Bude à Nuremberg. Ils avaient effroyablement dévasté, en présence
de l'Allemagne armée et effarée, huit provinces : la Mis-
nie, la Franconie, la Bavière, la Lusace, la Saxe, l'Autriche, le Brandebourg et la Prusse ; ils avaient battu les
meilleurs capitaines de l'Europe, l'empereur Sigismond,
le duc Coribut Jagellon, le cardinal Julien, l'électeur de
Brandebourg et le légat du pape. Devant Prague, à Teut-
schbroda, à Saatz, à Aussig, à Riesenberg, devant Mies et
devant Taus, ils avaient exterminé huit fois l'armée du
saint empire, et, dans ces huit armées, il y en avait une
de cent mille hommes, commandée par l'empereur Sigismond, une de cent vingt mille hommes, commandée par
le cardinal Julien, et une de deux cent mille hommes,

commandée 'par les électeurs de Treves, de Saxe et de Brandebourg. Cette dernière seulement, dans l'état des forces militaires du quinzième siècle, représenterait aujourd'hui un armement de douze cent mille soldats. Et combien de temps dura cette guerre faite par une secte à l'Europe et au genre humain? seize ans. De 1420 à 1436. Sans nul doute, c'était là un sauvage et gigantesque ennemi. Eh bien, la civilisation du quinzième siècle, par cela même que c'était la barbarie et qu'elle était la civilisation, a été assez forte pour le saisir, l'étreindre et l'étouffer. Croit-on que la civilisation du dix-neuvième siècle doive trembler devant une douzaine de fainéants ivres qui épellent un libelle dans un cabaret?

Quelques malheureux, mêlés à quelques misérables, voilà les Hussites du dix-neuvième siècle. Contre une pareille secte, contre un pareil danger, deux choses suffisent : la lumière dans les esprits, un caporal et quatre hommes dans la rue.

Rassurons-nous donc et rassurons le continent.

La Russie et l'Angleterre laissées dans l'exception, et nous avons assez dit pourquoi, on reconnait en Europe, sans compter les petits Etats, deux sortes de monarchies, les anciennes et les nouvelles. Sauf les restrictions de détail, les anciennes déclinent, les nouvelles grandissent. Les anciennes sont : l'Espagne, le Portugal, la Suéde, le Danemark, Rome, Naples et la Turquie. A la tête de ces vieilles monarchies est l'Autriche, grande puissance allemande. Les nouvelles sont : la Belgique, la Hollande, la Saxe, la Bavière, le Wurtemberg, la Sardaigne et la Gréce. A la tête de ces jeunes royaumes est la Prusse, autre grande puissance allemande. Une seule monarchie dans ce groupe d'Etats de tout âge jouit d'un magnifique privilége; elle est tout à la fois vieille et jeune, elle a autant de passé que l'Autriche et autant d'avenir que la Prusse : c'est la France.

Ceci n'indique-t-il pas clairement le rôle nécessaire de la France ? La France est le point d'intersection de ce qui a été et de ce qui sera, le lien commun des vieilles royautés et des jeunes nations, le peuple qui se souvient et le peuple qui espère. Le fleuve des siècles peut couler; le passage de l'humanité est assuré ; la France est le pont granitique qui portera les générations d'une rive à l'autre.

Qui donc pourrait songer à briser ce pont providentiel ? qui donc pourrait songer à détruire ou à démembrer la France? Y échouer serait s'avouer fou. Y réussir serait se faire parricide.

Ce qui inquiète étrangement les couronnes, c'est que la France, par cette puissance de dilatation qui est propre à tous les principes généreux, tend à répandre au dehors sa liberté.

Ici il est besoin de s'entendre.

La liberté est nécessaire à l'homme. On pourrait dire que la liberté est l'air respirable de l'âme humaine. Sous quelque forme que ce soit, il la lui faut. Certes, tous les peuples européens ne sont point complétement libres; mais tous le sont par un côté. Ici c'est la cité qui est libre, là c'est l'individu; ici c'est la place publique, là c'est la vie privée; ici c'est la conscience, là c'est l'opinion. On pourrait dire qu'il y a des nations qui ne respirent que par une de leurs facultés comme il y a des malades qui ne respirent que d'un poumon. Le jour où cette respiration leur serait interdite ou impossible, la nation et le malade mourraient. En attendant, ils vivent, jusqu'au jour où viendra la pleine santé, c'est-à-dire la pleine liberté. Quelquefois la liberté est dans le climat; c'est la nature qui la fait et qui la donne. Aller demi-nu, le bonnet rouge sur la tête, avec un haillon de toile pour caleçon et un haillon de laine pour manteau; se laisser caresser par l'air chaud, par le soleil rayonnant, par le ciel bleu, par la mer bleue; se coucher à la porte du palais à l'heure même où le roi s'y couche dans l'alcôve royale et mieux dormir dehors que le roi dedans; faire ce qu'on veut; exister presque sans travail, travailler presque sans fatigue, chanter soir et matin, vivre comme l'oiseau, c'est la liberté du peuple à Naples. Quelquefois la liberté est dans le caractère même de la nation; c'est encore là un don du ciel. S'accouder tout le jour dans une taverne, aspirer le meilleur tabac, humer la meilleure bière, boire le meilleur vin, n'ôter sa pipe de sa bouche que pour y porter son verre, et cependant ouvrir toutes grandes les ailes de son âme, évoquer dans son cerveau les poëtes et les philosophes, dégager de tout la vertu, construire des utopies, déranger le présent, arranger l'avenir, faire éveillé tous les beaux songes qui voilent la laideur des réalités, oublier et se souvenir à la fois, et vivre ainsi, noble, grave, sérieux, le corps dans la fumée, l'esprit dans les chimères : c'est la liberté de l'Allemand. Le Napolitain a la liberté matérielle, l'Allemand a la liberté morale. La liberté du lazzarone a fait Rossini, la liberté de l'allemand a fait Hoffmann. Nous Français, nous avons la liberté morale comme l'Allemand et la liberté politique comme l'Anglais; mais nous n'avons pas la liberté matérielle. Nous sommes esclaves du climat; nous sommes esclaves du travail. Ce mot doux et charmant, *libre comme l'air*, on peut le dire du lazzarone, on ne peut le dire de nous. Ne nous plaignons pas, car la liberté matérielle est la seule qui puisse se passer de dignité; et en France, à ce point d'initiative civilisatrice où la nation est parvenue, il ne suffit pas que l'individu soit libre, il faut encore qu'il soit digne. Notre partage est beau. La France est aussi noble que la noble Allemagne; et, de plus que l'Allemagne, elle a le droit d'appliquer directement la force fécondante de son esprit à l'amélioration des réalités. Les Allemands ont la liberté de la rêverie; nous avons la liberté de la pensée.

Mais, pour que la libre pensée soit contagieuse, il faut que les peuples aient subi de longues préparations, plus divines encore qu'humaines. Ils n'en sont pas là. Le jour où ils en seront là, la pensée française, mûrie par tout ce qu'elle aura vu et tout ce qu'elle aura fait, loin de perdre les rois, les sauvera.

C'est du moins notre conviction profonde.

A quoi bon donc gêner et amoindrir cette France, qui sera peut-être dans l'avenir la providence des nations?

A quoi bon lui refuser ce qui lui appartient?

On se souvient que nous n'avons voulu chercher de ce problème que la solution pacifique; mais, à la rigueur, n'y en aurait-il pas une autre? Il y a déjà dans le plateau de la balance où se pèsera un jour la question du Rhin un grand poids, le bon droit de la France. Faudra-t-il donc y jeter aussi cet autre poids terrible, la colère de la France?

Nous sommes de ceux qui pensent fermement et qui espèrent qu'on n'en viendra point là.

Qu'on songe à ce que c'est que la France.

Vienne, Berlin, Saint-Pétersbourg, Londres, ne sont que des villes; Paris est un cerveau.

Depuis vingt-cinq ans, la France mutilée n'a cessé de grandir de cette grandeur qu'on ne voit pas avec les yeux de la chair, mais qui est la plus réelle de toutes, la grandeur intellectuelle. Au moment où nous sommes, l'esprit français se substitue peu à peu à la vieille âme de chaque nation.

Les plus hautes intelligences qui, à l'heure qu'il est, représentent pour l'univers entier la politique, la littérature, la science et l'art, c'est la France qui les a et qui les donne à la civilisation.

La France aujourd'hui est puissante autrement, mais autant qu'autrefois.

Qu'on la satisfasse donc. Surtout qu'on réfléchisse à ceci :

L'Europe ne peut être tranquille tant que la France n'est pas contente.

Et après tout enfin, quel intérêt pourrait avoir l'Europe à ce que la France, inquiète, comprimée, à l'étroit dans des frontières contre nature, obligée de chercher une issue à la séve qui bouillonne en elle, devînt forcément, à défaut d'autre rôle, une Rome de la civilisation future, affaiblie matériellement, mais moralement agrandie; métropole de l'humanité, comme l'autre Rome l'est de la chrétienté, regagnant en influence plus qu'elle n'aurait perdu en territoire, retrouvant sous une autre forme la suprématie qui lui appartient et qu'on ne lui enlèvera pas, remplaçant sa vieille prépondérance militaire par un formidable pouvoir spirituel qui ferait palpiter le monde, vibrer les fibres de chaque homme et trembler les planches de chaque trône ; toujours inviolable par son épée, mais reine désormais par son clergé littéraire, par sa langue universelle au dix-neuvième siècle comme le latin l'était au douzième, par ses journaux, par ses livres, par son initiative centrale, par les sympathies, secrètes ou publiques, mais profondes, des nations; ayant ses grands écrivains pour papes, et quel pape qu'un Pascal ! ses grands sophistes pour antechrists, et quel antechrist qu'un Voltaire! tantôt éclairant, tantôt éblouissant, tantôt embrasant le continent avec sa presse comme le faisait Rome avec sa chaire, comprise parce qu'elle serait écoutée, obéie parce qu'elle serait crue, indestructible parce qu'elle aurait une racine dans le cœur de chacun, déposant des dynasties au nom de la liberté, excommuniant des rois de la grande communion humaine, dictant des chartes-évangiles, promulguant des brefs populaires, lançant des idées et fulminant des révolutions!

XVI

Récapitulons :

Il y a deux cents ans, deux États envahisseurs pressaient l'Europe.

En d'autres termes, deux égoïsmes menaçaient la civilisation.

Ces deux États, ces deux égoïsmes, étaient la Turquie et l'Espagne.

L'Europe s'est défendue.

Ces deux États sont tombés.

Aujourd'hui le phénomène alarmant se reproduit.

Deux autres États, assis sur les mêmes bases que les précédents, forts des mêmes forces et mus du même mobile, menacent l'Europe.

Ces deux États, ces deux égoïsmes, sont la Russie et l'Angleterre.

L'Europe doit se défendre.

L'ancienne Europe, qui était d'une construction compliquée, est démolie; l'Europe actuelle est d'une forme plus simple. Elle se compose essentiellement de la France et de l'Allemagne, double centre auquel doit s'appuyer au nord comme au midi le groupe des nations.

L'alliance de la France et de l'Allemagne, c'est la constitution de l'Europe, l'Allemagne adossée à France arrête la Russie ; la France amicalement adossée à l'Allemagne arrête l'Angleterre.

La désunion de la France et de l'Allemagne, c'est la dislocation de l'Europe. L'Allemagne hostilement tournée vers la France laisse entrer la Russie ; la France hostilement tournée vers l'Allemagne laisse pénétrer l'Angleterre.

Donc, ce qu'il faut aux deux Etats envahisseurs, c'est la désunion de l'Allemagne et de la France.

Cette désunion a été préparée et combinée habilement en 1815 par la politique russe-anglaise.

Cette politique a créé un motif permanent d'animosité entre les deux nations centrales.

Ce motif d'animosité, c'est le don de la rive gauche du Rhin à l'Allemagne. Or cette rive gauche appartient naturellement à la France.

Pour que la proie fût bien gardée, on l'a donnée au plus jeune et au plus fort des peuples allemands, à la Prusse.

Le congrès de Vienne a posé des frontières sur les nations comme des harnais de hasard et de fantaisie, sans même les ajuster. Celui qu'on a mis alors à la France accablée, épuisée et vaincue, est une chemise de gêne et de force ; il est trop étroit pour elle. Il la gêne et la fait saigner.

Grâce à la politique de Londres et de Saint-Pétersbourg, depuis vingt-cinq ans nous sentons l'ardillon de l'Allemagne dans la plaie de la France.

De là, en effet, entre les deux peuples, faits pour s'entendre et pour s'aimer, une antipathie qui pourrait devenir une haine.

Pendant que les deux nations centrales se craignent,

s'observent et se menacent, la Russie se développe silencieusement, l'Angleterre s'étend dans l'ombre.

Le péril croît de jour en jour. Une sape profonde est
creusée. Un grand incendie couve peut être dans les ténèbres. L'an dernier, grâce à l'Angleterre, le feu a failli
prendre à l'Europe.

La civilisation périrait.

Elle ne peut périr. Il faut donc que les deux nations
centrales s'entendent.

Heureusement, ni la France ni l'Allemagne ne sont
égoïstes. Ce sont deux peuples sincères, désintéressés et
nobles; jadis nations de chevaliers, aujourd'hui nations
de penseurs; jadis grands par l'épée, aujourd'hui grands
par l'esprit. Leur présent ne démentira pas leur passé;
l'esprit n'est pas moins généreux que l'épée.

Voici la solution : abolir tout motif de haine entre les
deux peuples; fermer la plaie faite à notre flanc en 1815;
effacer les traces d'une réaction violente; rendre à la
France ce que Dieu lui a donné, la rive gauche du Rhin.

A cela deux obstacles.

Un obstacle matériel : la Prusse. Mais la Prusse comprendra tôt ou tard que, pour qu'un Etat soit fort, il faut
que toutes ses parties soient soudées entre elles; que l'homogénéité vivifie, et que le morcellement tue; qu'elle doit
tendre à devenir le grand royaume septentrional de l'Allemagne; qu'il lui faut des ports libres, et que, si beau
que soit le Rhin, l'Océan vaut mieux.

D'ailleurs, dans tous les cas, elle garderait la rive droite
du Rhin.

Un obstacle moral : les défiances que la France inspire
aux rois européens, et par conséquent la nécessité apparente de l'amoindrir. Mais c'est là précisément qu'est le
péril. On n'amoindrit pas la France, on ne fait que l'irriter. La France irritée est dangereuse. Calme, elle procède

par le progrès ; courroucée, elle peut procéder par les révolutions.

Les deux obstacles s'évanouiront.

Comment? Dieu le sait. Mais il est certain qu'ils s'évanouiront.

Dans un temps donné, la France aura sa part du Rhin
et ses frontières naturelles.

Cette solution constituera l'Europe, sauvera la sociabilité humaine et fondera la paix définitive.

Tous les peuples y gagneront. L'Espagne, par exemple,
qui est restée illustre, pourra redevenir puissante. L'Angleterre voudrait faire de l'Espagne le marché de ses pro-
duits, le point d'appui de sa navigation ; la France voudrait
faire de l'Espagne la sœur de son influence, de sa politique et de sa civilisation. Ce sera à l'Espagne de choisir :
continuer de descendre, ou commencer à remonter ; être
une annexe à Gibraltar, ou être le contre-fort de la France.

L'Espagne choisira la grandeur.

Tel est, selon nous, pour le continent entier, l'inévitable
avenir, déjà visible et distinct dans le crépuscule des choses futures.

Une fois le motif de haine disparu, aucun peuple n'est
à craindre pour l'Europe. Que l'Allemagne hérisse sa cri-
nière et pousse son rugissement vers l'Orient; que la France
ouvre ses ailes et secoue sa foudre vers l'Occident. Devant le formidable accord du lion et de l'aigle, le monde
obéira.

XVII

Qu'on ne se méprenne pas sur notre pensée ; nous estimons que l'Europe doit, à toute aventure, veiller aux révolutions et se fortifier contre les guerres ; mais nous pensons en même temps que, si aucun incident hors des prévisions naturelles ne vient troubler la marche majestueuse du dix-neuvième siècle, la civilisation, déjà sauvée de tant d'orages et de tant d'écueils, ira s'éloignant de plus en plus chaque jour de cette Charybde qu'on appelle guerre et de cette Scylla qu'on appelle révolution.

Utopie, soit. Mais qu'on ne l'oublie pas : quand elles vont au même but que l humanité, c'est-à-dire vers le bon, le juste et le vrai, les utopies d'un siècle sont les faits du siècle suivant. Il y a des hommes qui disent: *Cela sera:* et il y a d'autres hommes qui disent : *Voici comment.* La paix perpétuelle a été un rêve jusqu'au jour où le rêve s'est fait chemin de fer et a couvert la terre d'un réseau solide, tenace et vivant. Watt est le complément de l'abbé de Saint-Pierre.

Autrefois, à toutes les paroles des philosophes on s'écriait : *Songes et chimères qui s'en iront en fumée!* — Ne rions plus de la fumée; c'est elle qui mène le monde.

Pour que la paix perpétuelle fût possible et devînt de théorie réalité, il fallait deux choses : un véhicule pour le service rapide des intérêts, et un véhicule pour l'échange rapide des idées ; en d'autres termes, un mode de transport uniforme, unitaire et souverain, et une langue générale. Ces deux véhicules, qui tendent à effacer les frontières des empires et des intelligences, l'univers les a aujourd'hui : le premier, c'est le chemin de fer ; le second, c'est la langue française.

Tels sont au dix-neuvième siècle, pour tous les peuples en voie de progrès, les deux moyens de communication, c'est-à-dire de civilisation, c'est-à-dire de paix. On va en waggon et l'on parle français.

Le chemin de fer règne par la toute-puissance de sa rapidité ; la langue française, par sa clarté, ce qui est la rapidité d'une langue, et par la suprématie séculaire de sa littérature.

Détail remarquable, qui sera presque incroyable pour l'avenir, et qu'il est impossible de ne pas signaler en passant : de tous les peuples et de tous les gouvernements qui se servent aujourd'hui de ces deux admirables moyens de communication et d'échange, le gouvernement de la France est celui qui paraît s'être le moins rendu compte de leur efficacité. A l'heure où nous parlons, la France a à peine quelques lieues de chemin de fer. En 1837, on a donné un petit rail-way comme un joujou à ce grand enfant qui se nomme Paris ; et pendant quatre ans on s'en est tenu là. Quant à la langue française, quant à la littérature française, elle brille et resplendit pour tous les gouvernements et pour toutes les nations, excepté pour le gouvernement français. La France a eu et la France a encore la première littérature du monde. Aujourd'hui même, nous ne nous lasserons pas de le répéter, notre littérature n'est pas seulement la première ; elle est la seule. Toute pensée qui n'est pas la sienne s'est éteinte; elle est plus vivante et plus vivace que jamais. Le gouvernement actuel semble l'ignorer, et se conduit en conséquence; et c'est là, nous le lui disons avec une profonde bienveillance et une sincère sympathie, une des plus grandes fautes qu'il ait commises depuis onze ans. Il est temps qu'il ouvre les yeux; il est temps qu'il se préoccupe, et qu'il se préoccupe sérieusement des nouvelles générations, qui sont littéraires aujourd'hui comme elles étaient militaires sous l'Empire. Elles arrivent sans colère parce qu'elles sont pleines de pensées; elles arrivent la lumière à la main; mais, qu'on y songe, nous l'avons dit tout à l'heure en d'autres termes, ce qui peut éclairer peut aussi incendier. Qu'on les accueille donc et qu'on leur donne leur place. L'art est un pouvoir; la littérature est une puissance. Or il faut respecter ce qui est pouvoir, et ménager ce qui est puissance.

Reprenons. Dans notre pensée donc, si l'avenir amène ce que nous attendons, les chances de guerre et de révolution iront diminuant de jour en jour. A notre sens, elles ne disparaîtront jamais tout à fait. La paix universelle est une hyperbole dont le genre humain suit l'asymptote.

Suivre cette radieuse asymptote, voilà la loi de l'humanité. Au dix-neuvième siècle toutes les nations y marchent ou y marcheront, même la Russie, même l'Angleterre.

Quant à nous, à la condition que l'Europe centrale fût constituée comme nous l'avons indiqué plus haut, nous sommes de ceux qui verraient sans jalousie et sans inquiétude la Russie, que le Caucase arrête en ce moment, faire le tour de la mer Noire; et, comme jadis les Turcs, ces autres hommes du Nord, arriver à Constantinople par l'Asie Mineure. Nous l'avons déjà dit, la Russie est mauvaise à l'Europe et bonne à l'Asie. Pour nous elle est obscure, pour l'Asie elle est lumineuse; pour nous elle est barbare,

pour l'Asie elle est chrétienne. Les peuples ne sont pas
tous éclairés au même degré et de la même façon : il fait
nuit en Asie, il fait jour en Europe. La Russie est une
lampe.

Qu'elle se tourne donc vers l'Asie, qu'elle y répande ce
qu'elle a de clarté, et, l'empire ottoman écroulé, grand
fait providentiel qui sauvera la civilisation, qu'elle rentre
en Europe par Constantinople. La France rétablie dans sa
grandeur verra avec sympathie la croix grecque remplacer
le croissant sur le vieux dôme byzantin de Sainte-Sophie.
Après les Turcs, les Russes; c'est un pas.

Nous croyons que le noble et pieux empereur qui conduit, au moment où nous sommes, tant de millions d'habitants vers de si belles destinées, est digne de faire ce
grand pas; et, quant à nous, nous le lui souhaitons sincè-
rement. Mais, qu'il y songe, le traitement cruel qu'a subi
la Pologne peut être un obstacle à son peuple dans le présent et une objection à sa gloire devant la postérité. Le
cri de la Grèce a soulevé l'Europe contre la Turquie. Ceci
est pour l'empire. Le Palatinat a terni Turenne, ceci est
pour l'empereur.

Quand on approfondit le rôle que joue l'Angleterre dans
les affaires universelles et en particulier sa guerre, tantôt
sourde, tantôt flagrante, mais perpétuelle, avec la France,
il est impossible de ne pas songer à ce vieil esprit punique
qui a si longtemps lutté contre l'antique civilisation la-
tine. L'esprit punique, c'est l'esprit de marchandise, l'esprit d'aventure, l'esprit de navigation, l'esprit de lucre,
l'esprit d'égoïsme, et puis c'est autre chose encore, c'est
l'esprit punique. L'histoire le voit poindre au fond de la
Méditerranée, en Phénicie, à Tyr et à Sidon. Il est anti-
pathique à la Grèce, qui le chasse. Il part, longe la côte
d'Afrique, y fonde Carthage, et de là cherche à entamer
l'Italie. Scipion le combat, en triomphe et croit l'avoir

détruit. Erreur! le talon du consul n'a écrasé que des murailles; l'esprit punique a survécu. Carthage n'est pas morte. Depuis deux mille ans elle rampe autour de l'Europe. Elle s'est d'abord installée en Espagne, où elle semble avoir retrouvé dans sa mémoire le souvenir phénicien du *monde perdu;* elle a été chercher l'Amérique à travers les mers, s'en est emparée, et, nous avons vu comment, crénelée dans la péninsule espagnole, elle a saisi un moment l'univers entier. La Providence lui a fait lâcher prise. Maintenant elle est en Angleterre; elle a de nouveau enveloppé le monde, elle le tient, et elle menace l'Europe. Mais, si Carthage s'est déplacée, Rome s'est déplacée aussi. Carthage l'a retrouvée vis-à-vis d'elle, comme jadis, sur la rive opposée. Autrefois Rome s'appelait *Urbs*, surveillait la Méditerranée et regardait l'Afrique; aujourd'hui Rome se nomme Paris, surveille l'Océan et regarde l'Angleterre.

Cet antagonisme de l'Angleterre et de la France est si frappant, que toutes les nations s'en rendent compte. Nous venons de le représenter par Carthage et Rome; d'autres l'ont exprimé différemment, mais toujours d'une manière frappante et en quelque sorte visible. *L'Angleterre est le chat*, disait le grand Frédéric, *la France est le chien. En droit*, dit le légiste Houard, *les Anglais sont des juifs, les Français des chrétiens*. Les sauvages mêmes semblent sentir vaguement cette profonde antithèse des deux grandes nations policées. *Le Christ*, disent les Indiens de l'Amérique, *était un Français que les Anglais crucifièrent à Londres. Ponce-Pilate était un officier au service de l'Angleterre.*

Eh bien , notre foi à l'inévitable avenir est si religieuse, nous avons pour l'humanité de si hautes ambitions et de si fermes espérances, que, dans notre conviction, Dieu ne peut manquer un jour de détruire, en ce qu'il a de pernicieux du moins, cet antagonisme des deux peuples, si radical qu'il semble et qu'il soit.

Infailliblement, ou l'Angleterre périra sous la réaction formidable de l'univers, ou elle comprendra que le temps des Carthages n'est plus. Selon nous, elle comprendra. Ne fût-ce qu'au point de vue de la spéculation, la foi punique est une mauvaise enseigne; la perfidie est un fâcheux prospectus. Prendre constamment en traître l'humanité entière, c'est dangereux; n'avoir jamais qu'un vent dans sa voile, son intérêt propre, c'est triste; toujours venir en aide au fort contre le faible, c'est lâche; railler sans cesse ce qu'on appelle la *politique sentimentale*, et ne jamais rien donner à l'honneur, à la gloire, au dévouement, à la sympathie, à l'amélioration du sort d'autrui, c'est un petit rôle pour un grand peuple. L'Angleterre le sentira.

Les îles sont faites pour servir les continents, non pour les dominer; les navires sont faits pour servir les villes, qui sont le premier chef-d'œuvre de l'homme; le navire n'est que le second. La mer est un chemin, non une patrie. La navigation est un moyen, non un but; surtout elle n'est pas son propre but à elle-même. Si elle ne porte pas la civilisation, que l'Océan l'engloutisse!

Que le réseau des innombrables sillages de toutes les marines se joigne et se soude bout à bout au réseau de tous les chemins de fer, pour continuer sur l'Océan l'immense circulation des intérêts, des perfectionnements et des idées; que par ces mille veines la sociabilité européenne se répande aux extrémités de la terre; que l'Angleterre même ait la première de ces marines, pourvu que la France ait la seconde, rien de mieux. De cette façon l'Angleterre suivra sa loi tout en suivant la loi générale. De cette façon, le principe vivifiant du globe sera représenté par trois nations: l'Angleterre, qui aura l'activité commerciale; l'Allemagne, qui aura l'expansion morale ; la France, qui aura le rayonnement intellectuel.

On le voit, notre pensée n'exclut personne. La Providence ne maudit et ne déshérite aucun peuple. Selon nous, les nations qui perdent l'avenir le perdent par leur faute.

Désormais, éclairer les nations encore obscures, ce sera la fonction des nations éclairées. Faire l'éducation du genre humain, c'est la mission de l'Europe.

Chacun des peuples européens devra contribuer à cette sainte et grande œuvre dans la proportion de sa propre lumière. Chacun devra se mettre en rapport avec la portion de l'humanité sur laquelle il peut agir. Tous ne sont pas propres à tout.

La France, par exemple, saura mal coloniser et n'y réussira qu'avec peine. La civilisation complète, à la fois délicate et pensive, humaine en tout et, pour ainsi parler, à l'excès, n'a absolument aucun point de contact avec l'état sauvage. Chose étrange à dire et bien vraie pourtant, ce qui manque à la France en Alger, c'est un peu de barbarie. Les Turcs allaient plus vite, plus sûrement et plus loin ; ils savaient mieux couper des têtes.

La première chose qui frappe le sauvage, ce n'est pas la raison, c'est la force.

Ce qui manque à la France, l'Angteterre l'a ; la Russie également.

Elles conviennent pour le premier travail de la civilisation ; la France pour le second. L'enseignement des peuples a deux degrés, la colonisation et la civilisation. L'Angleterre et la Russie coloniseront le monde barbare ; la France civilisera le monde colonisé.

XVIII

Qu'on nous permette en terminant de déplacer un peu, pour donner passage à une réflexion dernière, le point de vue spécial d'où cet aperçu a été consciencieusement tracé. Si grandes et si nobles que soient les idées qui font les nationalités et qui groupent les continents, on sent pourtant, quand on les a parcourues, le besoin de s'élever encore plus haut et d'aborder quelqu'une de ces lois générales de l'humanité qui régissent aussi bien le monde moral que le monde matériel, et qui fécondent, en s'y superposant çà et là, les idées nationales et continentales.

Rien dans ce que nous allons dire ne dément et n'infirme, tout, au contraire, corrobore ce que nous venons de dire dans les pages qu'on a lues. Seulement nous embrassons cela, et autre chose encore. C'est, avant de finir, un dernier conseil qui s'adresse aux esprits spéculatifs et métaphysiques aussi bien qu'aux hommes pratiques. En montant d'idée en idée, nous sommes arrivé au sommet de notre pensée ; c'est, avant de redescendre, un dernier coup d'œil sur cet horizon élargi. Rien de plus.

Autrefois, du temps où vivaient les antiques sociétés, le Midi gouvernait le monde et le Nord le bouleversait ; de même dans un ordre de faits différent, mais parallèle, l'aristocratie, riche, éclairée et heureuse, menait l'Etat, et la démocratie, pauvre, sombre et misérable, le troublait. Si diverses que soient en apparence, au premier coup d'œil, l'histoire extérieure et l'histoire intérieure des nations depuis trois mille ans, au fond de ces deux histoires il n'y a qu'un seul fait : la lutte du malaise contre le bien-être. A de certains moments les peuples mal situés dérangent l'ordre européen, les classes mal partagées dérangent l'ordre social. Tantôt l'Europe, tantôt l'Etat, sont brusquement et violemment attaqués, l'Europe par ceux qui ont froid, l'Etat par ceux qui ont faim; c'est-à-dire l'une par le Nord, l'autre par le peuple. Le Nord procède par invasions, et le peuple par révolutions. De là vient qu'à de certaines époques la civilisation s'affaisse et disparaît momentanément sous d'effrayantes irruptions de barbares, venant les unes du dehors, les autres du dedans ; les unes accourant vers le Midi du fond du continent, les autres montant vers le pouvoir du bas de la société. Les intervalles qui séparent ces grandes et, disons-le, ces fécondes quoique douloureuses catastrophes, ne sont autre chose que la mesure de la patience humaine marquée par la Providence dans l'histoire. Ce sont des chiffres posés là pour aider à la solution de ce sombre problème : Combien de temps une portion de l'humanité peut-elle supporter le froid? Combien de temps une portion de la société peut-elle supporter la faim?

Aujourd'hui pourtant, il semble s'être révélé une loi nouvelle, qui date, pour le premier ordre de faits, de l'abaissement de la monarchie espagnole, et, pour le second, de la transformation de la monarchie française. On dirait que la Providence, qui tend sans cesse vers l'équilibre et qui corrige par des amoindrissements continuels les oscillations trop violentes de l'humanité, veut peu à peu retirer aux régions extrêmes dans l'Europe et aux classes extrêmes dans l'État cet étrange droit de voie de fait qu'elles s'étaient arrogé jusqu'ici, les unes pour tyranniser et pour exclure, les autres pour agiter et pour détruire. Le gouvernement du monde semble appartenir désormais aux régions tempérées et aux classes moyennes. Charles-Quint a été le dernier grand représentant de la domination méridionale, comme Louis XIV le dernier grand représentant de la monarchie exclusive. Cependant, quoique le Midi ne règne plus sur l'Europe, quoique l'aristocratie ne règne plus sur la société, ne l'oublions pas, les classes moyennes et les nations intermédiaires ne peuvent garder le pouvoir qu'à la condition d'ouvrir leurs rangs. Des masses profondes sommeillent et souffrent dans les régions extrêmes et attendent, pour ainsi dire, leur tour. Le Nord et le peuple sont les réservoirs de l'humanité. Aidons-les à s'écouler tranquillement vers les lieux, vers les choses et vers les idées qu'ils doivent féconder. Ne les laissons pas déborder. Offrons, à la fois par prudence et par devoir, une issue large et pacifique aux nations mal situées vers les zones favorisées du soleil, et aux classes mal partagées vers les jouissances sociales. Supprimons le malaise partout. Ce sera supprimer les causes de guerres dans le continent et les causes de révolutions dans l'État. Pour la politique intérieure comme pour la politique extérieure, pour les nations entre elles comme pour les classes dans le pays, pour l'Europe comme pour la société, le secret de la paix est peut-être dans un seul mot : donner au Nord sa part de Midi et au peuple sa part de pouvoir.

Paris, écrit en juillet 1841.

TABLE.

Ch. Lahure, imprimeur du Sénat et de la Cour de Cassation,
rue de Vaugirard, 9, près de l'Odéon.

TYPOGRAPHIE DE CH. LAHURE
Imprimeur du Sénat et de la Cour de Cassation
rue de Vaugirard, 9

www.ingramcontent.com/pod-product-compliance
Lightning Source LLC
Chambersburg PA
CBHW070406090426
42733CB00009B/1562